思想学术系列

中国基督教史话

A Brief History of Christianity in China

王美秀 / 著

社会科学文献出版社
SOCIAL SCIENCES ACADEMIC PRESS (CHINA)

图书在版编目（CIP）数据

中国基督教史话/王美秀著. —北京：社会科学文
献出版社，2011.7
（中国史话）
ISBN 978 - 7 - 5097 - 2392 - 0

Ⅰ. ①中… Ⅱ. ①王… Ⅲ. ①基督教史 - 中国
Ⅳ. ①B979.2

中国版本图书馆 CIP 数据核字（2011）第 111404 号

"十二五"国家重点出版规划项目

中国史话·思想学术系列

中国基督教史话

著　　者／王美秀

出 版 人／谢寿光
总 编 辑／邹东涛
出 版 者／社会科学文献出版社
地　　址／北京市西城区北三环中路甲 29 号院 3 号楼华龙大厦
邮政编码／100029

责任部门／人文科学图书事业部（010）59367215
电子信箱／renwen@ssap.cn
责任编辑／赵晶华　东　玲
责任校对／李　惠
责任印制／郭　妍　岳阳
总 经 销／社会科学文献出版社发行部
　　　　　（010）59367081　59367089
读者服务／读者服务中心（010）59367028

印　　装／北京画中画印刷有限公司
开　　本／889mm×1194mm　1/32　印张／5.875
版　　次／2011 年 7 月第 1 版　　字数／108 千字
印　　次／2011 年 7 月第 1 次印刷
书　　号／ISBN 978 - 7 - 5097 - 2392 - 0
定　　价／15.00 元

总 序

　　中国是一个有着悠久文化历史的古老国度，从传说中的三皇五帝到中华人民共和国的建立，生活在这片土地上的人们从来都没有停止过探寻、创造的脚步。长沙马王堆出土的轻若烟雾、薄如蝉翼的素纱衣向世人昭示着古人在丝绸纺织、制作方面所达到的高度；敦煌莫高窟近五百个洞窟中的两千多尊彩塑雕像和大量的彩绘壁画又向世人显示了古人在雕塑和绘画方面所取得的成绩；还有青铜器、唐三彩、园林建筑、宫殿建筑，以及书法、诗歌、茶道、中医等物质与非物质文化遗产，它们无不向世人展示了中华五千年文化的灿烂与辉煌，展示了中国这一古老国度的魅力与绚烂。这是一份宝贵的遗产，值得我们每一位炎黄子孙珍视。

　　历史不会永远眷顾任何一个民族或一个国家，当世界进入近代之时，曾经一千多年雄踞世界发展高峰的古老中国，从巅峰跌落。1840 年鸦片战争的炮声打破了清帝国"天朝上国"的迷梦，从此中国沦为被列强宰割的羔羊。一个个不平等条约的签订，不仅使中国大量的白银外流，更使中国的领土一步步被列强侵占，国库亏空，民不聊生。东方古国曾经拥有的辉煌，也随着西方列强坚船利炮的轰击而烟消云散，中国一步步堕入了半殖民地的深渊。不甘屈服的中国人民也由此开始了救国救民、富国图强的抗争之路。从洋务运动到维新变法，从太平天国到辛亥革命，从五四运动到中国共产党领导的新民主主义革命，中国人民屡败屡战，终于认识到了"只有社会主义才能救中国，只有社会主义才能发展中国"这一道理。中国共产党领导中国人民推倒三座大山，建立了新中国，从此饱受屈辱与蹂躏的中国人民站起来了。古老的中国焕发出新的生机与活力，摆脱了任人宰割与欺侮的历史，屹立于世界民族之林。每一位中华儿女应当了解中华民族数千年的文明史，也应当牢记鸦片战争以来一百多年民族屈辱的历史。

当我们步入全球化大潮的 21 世纪，信息技术革命迅猛发展，地区之间的交流壁垒被互联网之类的新兴交流工具所打破，世界的多元性展示在世人面前。世界上任何一个区域都不可避免地存在着两种以上文化的交汇与碰撞，但不可否认的是，近些年来，随着市场经济的大潮，西方文化扑面而来，有些人唯西方为时尚，把民族的传统丢在一边。大批年轻人甚至比西方人还热衷于圣诞节、情人节与洋快餐，对我国各民族的重大节日以及中国历史的基本知识却茫然无知，这是中华民族实现复兴大业中的重大忧患。

中国之所以为中国，中华民族之所以历数千年而不分离，根基就在于五千年来一脉相传的中华文明。如果丢弃了千百年来一脉相承的文化，任凭外来文化随意浸染，很难设想13亿中国人到哪里去寻找民族向心力和凝聚力。在推进社会主义现代化、实现民族复兴的伟大事业中，大力弘扬优秀的中华民族文化和民族精神，弘扬中华文化的爱国主义传统和民族自尊意识，在建设中国特色社会主义的进程中，构建具有中国特色的文化价值体系，光大中华民族的优秀传统文化是一件任重而道远的事业。

当前，我国进入了经济体制深刻变革、社会结构深刻变动、利益格局深刻调整、思想观念深刻变化的新的历史时期。面对新的历史任务和来自各方的新挑战，全党和全国人民都需要学习和把握社会主义核心价值体系，进一步形成全社会共同的理想信念和道德规范，打牢全党全国各族人民团结奋斗的思想道德基础，形成全民族奋发向上的精神力量，这是我们建设社会主义和谐社会的思想保证。中国社会科学院作为国家社会科学研究的机构，有责任为此作出贡献。我们在编写出版《中华文明史话》与《百年中国史话》的基础上，组织院内外各研究领域的专家，融合近年来的最新研究，编辑出版大型历史知识系列丛书——《中国史话》，其目的就在于为广大人民群众尤其是青少年提供一套较为完整、准确地介绍中国历史和传统文化的普及类系列丛书，从而使生活在信息时代的人们尤其是青少年能够了解自己祖先的历史，在东西南北文化的交流中由知己到知彼，善于取人之长补己之短，在中国与世界各国愈来愈深的文化交融中，保持自己的本色与特色，将中华民族自强不息、厚德载物的精神永远发扬下去。

《中国史话》系列丛书首批计200种，每种10万字左右，主要从政治、经济、文化、军事、哲学、艺术、科技、饮食、服饰、交通、建筑等各个方面介绍了从古至今数千年来中华文明发展和变迁的历史。这些历史不仅展现了中华五千年文化的辉煌，展现了先民的智慧与创造精神，而且展现了中国人民的不屈与抗争精神。我们衷心地希望这套普及历史知识的丛书对广大人民群众进一步了解中华民族的优秀文化传统，增强民族自尊心和自豪感发挥应有的作用，鼓舞广大人民群众特别是新一代的劳动者和建设者在建设中国特色社会主义的道路上不断阔步前进，为我们祖国美好的未来贡献更大的力量。

陈奎元

2011 年 4 月

作者小传

　　王美秀，中国社会科学院世界宗教研究所研究员，1987 年毕业于中国社会科学院研究生院，获硕士学位。主要研究领域有中国基督教史、中国和梵蒂冈关系、当代中国天主教，以及教会与社会的关系。近期成果有《中梵关系研究》（合著）、《基督教史》（合著）、《当代基督宗教社会关怀》等，自 2008 年以来一直是年度《中国宗教报告》之"中国天主教"报告的撰稿人。

目 录

中国基督教史话

引 言

基督教（Christianity）是世界主要的宗教之一，已有近 2000 年的历史，传入我国也有 1300 余年了。

基督教最早出现于公元 1 世纪初古罗马帝国统治下的巴勒斯坦地区，几经磨难和曲折，到 4 世纪初才在罗马帝国获得合法地位。经过漫长的历史发展过程，在政治、经济、文化、宗教、语言和社会习俗等诸多因素的影响下，1054 年基督教首次分裂为罗马公教和正教。罗马公教的名称源于希腊语 katholikos 一词，表示"全世界的"和"普世的"，由于它以罗马为中心，因而称作罗马公教。正教的名称来源于希腊语 orthodoxos，意思是"正统的教导"、"正确的训导"，由于它最初流行于罗马帝国东部的希腊语地区，后来在东罗马帝国占统治地位，所以也叫东正教。1453 年拜占庭帝国灭亡后，俄罗斯等一些信仰正教的斯拉夫语国家的教会，脱离了君士坦丁堡的管辖，建立了自主教会，逐渐形成了操斯拉夫语的俄罗斯正教。1517 年，欧洲爆发了史无前例的宗教改革运动，导致基督教发生第二次大分裂，罗马公教中分裂出了抗议宗基督教（简称抗议宗）。"抗议"一词源于 1529 年在德国举行的第二次斯拜尔会议，这次会议决定，德意志的诸侯有权决定自己领地上人们的宗教信仰。为此，出席会议的少数派发出正式抗议，提出个人有权决定自己的宗教信仰。后来，人们便用"抗议宗"一词表示基督教内不属于罗马天主教会和东正教会的众多派别。20 世纪后半叶，基督教主要由罗马公教、正教和抗议宗三大派组成。

基督教的上述三大派别进入中国以后，罗马公教也被叫做罗马天主教，简称天主教。这是因为信徒们用中国古文中的"天主"来称呼他们所尊奉的神，所以他们信仰的宗教也就称为天主教。抗议宗一般被称作新教或基督新教或基督教，表示它是从罗马公教中分裂出来的，历史比罗马公教要短。不过，信徒们只用基督教或耶稣教来称呼自己信仰的宗教，表示他们信仰的是耶稣基督于公元 1 世纪创立的宗教。在中国，正教一般被称作东正教，是由俄国传入的。由此可见，中文的"基督教"一词有两个含义：一是基督教三大派的总称，二是指其中的一个派别。读者对此应引起注意。

基督教产生并成长于完全与中华文明传统异质的文化背景之下。它孕育于古代希伯来和希腊文明的土壤之上，在欧洲中世纪时期达到其历史的巅峰，处于万流归宗的地位。进入近代以后，基督教尤其是新教伴随着西方资本主义社会的进步，表现得更加富有进取精神和挑战性。在西方殖民主义者征服美洲大陆和亚洲的菲律宾、印度以前，基督教只是一个区域性的、欧洲人的宗教，在西亚和北非仅残留在一小部分人中间。然而，到 19 世纪末，踏着欧洲殖民主义者的足迹，基督教已经在非洲、亚洲和澳洲扎根生长，成为真正意义上的世界性宗教。

基督教在中国的历史虽然漫长，经历了唐朝、元朝、明末清初和 19 世纪以来至今的几个不同历史阶段，但是在相当长的历史时期，它的生命力十分脆弱。基督教曾因为得到封建统治者的宠幸而辉煌一时，但也因失去当朝统治者的喜爱或者因王朝的更迭而黯然失色，甚至销声匿迹。只是到了 19 世纪，在西方帝国主义列强与清朝政府签订的一系列不平等条约的保护下，它才在中华大地上生根、开花、结果。从发展过程看，基督教在中国的历史恰似源头是涓涓细流、下游则越来越宽阔的一条河流，其内容愈古愈简，愈近愈丰，也越来越微妙复杂。

诚然，同其他任何一种宗教一样，基督教也代表着一种真理观、人生观和宇宙观。它主张宇宙万物都是由上帝创造的，宣扬三位一体的上帝观，认为因始祖亚当犯罪，所以人与生俱来就有原罪，因而需要耶稣基督的救赎，以便摆脱罪恶，求得永生。只有承认耶稣基督为救主的人，才能得到拯救；反之必遭永远的惩罚。基督教的这些观念，对中国的儒释道而言，完全是陌生的和全新的。因此，基督教从传入中国之始，就进入一个与自己的观念世界和现实世界完全不同的文化氛围之中，并被这种文化氛围所包围。结果，基督教与中华文化的对话和冲突便成为不可避免的过程自然地发生了。在这一过程中，外来传教士自然地扮演了"西学东渐，中学西传"的角色，在中西文化的交流方面发挥了一定的作用，把西方的现代教育、医学、新闻、出版等领域的观念和制度以及西方的音乐和体育传入中国，对开拓中国人的知识领域和视野产生了相当大的影响。但是，就宗教本身而言，在基督教优越论和排他主义的束缚下，它一直未能与中国文化展开平等的交流，未与中国传统文化相融合，结果阻碍了中国式的或者说是中国特色的基督教的产生。因此，从宏观上说，直至 20 世纪中叶，人们看到的只是基督教在中国的发展历史，中国特色的基督教从总体上说仍是中国基督徒企盼的理想。

一 景教和也里可温

 唐朝的景教

　　基督教在中国发展的第一阶段在唐朝。贞观九年
（635年），叙利亚人阿罗本从波斯沿丝绸之路抵达大
唐首都长安，并留在那里译经建寺传教。至唐武宗会
昌五年（845年）下令"禁佛"止，阿罗本所传之教
在华有200余年的历史，留下《大秦景教流行中国碑》
一座和其他一些典籍。《大秦景教流行中国碑》建于唐
德宗建中二年（781年），此后不久，这座碑和碑文中
所叙述的宗教便销声匿迹了。尽管有的史书如《唐会
要》和《册府元龟》曾提到过"经教"或"波斯胡
教"，但是史学家们只把它当做佛教的一个变种来看
待，以至于在唐朝和唐以后相当长的时间里，人们并
不知道基督教曾在唐朝存在过。直到明熹宗天启三年
至五年（1623～1625年）景教碑在今陕西省西安附近
挖掘出土后，这一宗教才被称作"景教"而为人所知。
据钱念劬撰《归潜记》载，"景教者，基督旧教之聂斯
托尔派也"。又据潘绅撰《景教碑文注释》载，"名为

景教者，犹言耶稣教也"。由此可知，唐朝的景教为基督教的一支，是古代基督教东方教会聂斯托利派传入中国之基督教的称谓。

基督教聂斯托利派是对赞同和同情聂斯托利（约380～451年）主张的部分基督徒的总称。聂斯托利是叙利亚神学家，428～431年担任君士坦丁堡大主教。正统基督教坚持上帝圣父、圣子和圣灵三位一体，基督只是其中的一个位格，他同时具有神性和人性，而聂斯托利却主张基督二性二位说，认为基督具有两个位格，否认基督的神性和人性结合为一个本体，认为马利亚只是作为人的耶稣的母亲，拒绝把她视为崇拜对象。在431年举行的以弗所公会议上，聂斯托利被革除教籍，他的主张被判为异端邪说，遭到谴责。由于罗马帝国的迫害，不少聂斯托利派基督徒被迫逃往波斯。他们传教的足迹从美索不达米亚一直延伸到中国海，活动相当活跃。

（1）景教在唐朝流行始末。从汉朝开始，中国和波斯的交往就很密切。到了唐朝，两国的友谊达到高潮，波斯的使臣和商人留居中国的很多。唐朝初年，朝廷奉行"中国既安，四夷自服"的政策，国泰民安，贸易昌盛。当时的国都长安闻名遐迩，成为东方最繁华的国际城市。唐太宗对宗教采取"兼容并蓄"的政策，中国已有的儒释道都得到重视和发展，外来的宗教如从波斯传来的火祆（音 xiān）教、摩尼教和景教也得到优容。

景教，意为光明正大之教，据明朝李之藻撰《读

6

景教碑书后》载，"景者大也，炤（音 zhào）也，光明也"。它是唐朝传入中国的聂斯托利派教内的自称，而且在晚唐时才通用，教外典籍一般称它为经教、波斯经教、大秦教、大秦法、弥施诃（音 hē）教或迷诗诃教（弥赛亚教）。据《唐会要》第 49 卷记载，阿罗本抵长安 3 年后即唐贞观十二年七月，唐太宗颁布诏书："波斯僧阿罗本，远将经教，来献上京，详其教旨，玄妙无为，生成立要，济物利人，宜行天下。所司即于义宁坊建寺一所，度僧廿一人"。这个诏令与景教碑的记载基本相同，意思是说波斯人阿罗本从很远的地方来到长安，奉上景教，经过详细考察研究景教的基本宗旨，发现它玄妙深奥，研究它的根本要理，觉得它不仅完备而且简明扼要，景教对人对事都有益处，应当传播给天下百姓。皇上下令立即在长安义宁坊盖大秦寺一座，安置阿罗本等 21 位僧人。自此揭开了基督教在华的历史序幕。

《大秦景教流行中国碑》是研究和认识景教最重要的文献，其中第二部分对景教在唐代的历史作了详述。根据《景教碑》的记载，阿罗本抵长安时受到太宗皇帝的礼遇，太宗命令宰相房玄龄率领仪仗队到西郊远迎。进入京城后，阿罗本便向皇上献上圣经圣像，并向皇帝解释教义。不久，太宗又下令有关部门将皇帝的肖像摹画于新建的波斯寺的墙壁上。"天姿泛彩，英朗景门"，景教僧当时的喜悦之情，由此可见一斑。唐高宗李治登基后，继承了太宗宽容宗教的政策，使景教得到进一步的发展。他曾下令在各州设立景教寺，推崇阿罗本为"镇国大主教"。景教在那时号称"法流十道"、"寺满百城",可见景教的规模和势力还是很可观的。

然而,武则天当政后却推崇佛教,抑制景教。根据《景教碑》的记载,佛教徒曾在洛阳对景教进行谩骂攻讦。唐睿宗太极元年(712年),景教在长安又受到一些士大夫的诽谤和耻笑,多亏景教寺寺主罗含、主教及烈和其他从西方来的高僧的努力,教会的地位才得以勉强维持。玄宗继位后即令其兄弟宁国等五王"亲临福寺,建立坛场"。天宝初年,他又下令高力士送来五位皇帝的画像安放寺内,同时"赐绢百匹",挽救景教于危难之中,使景教的地位得到巩固和荣升。天宝三年(744年),佶和主教从大秦国来到长安朝贡,玄宗下令邀请景教寺寺主罗含、普论等17位僧人与佶和主教一起到兴庆宫做礼拜,并亲自为景教寺题了匾额。这一时期,景教寺名发生了变化,但景教碑却未予记载。据《唐会要》第49卷,天宝四年(745年)九月,玄宗颁布诏书:"波斯经教,出自大秦,传习而来,久行中国。爰初建寺,因以为名,将欲示人,必修其本。其两京波斯寺宜改为大秦寺。天下诸府郡置者,亦准此。"从此波斯寺易名为"大秦寺"。

唐肃宗在位时,《景教碑》记载他曾在灵武等5郡重修景教寺。此后的代宗和德宗对景教也很友好,每逢自己的生日,代宗皇帝总要把宫内食品赐予景教徒。德宗建中二年建立了《大秦景教流行中国碑》,

"景教"一词首次出现在存留至今的史籍中。该碑文不仅阐述了景教教义，记叙了景教流传的经过，而且还歌颂了历朝皇帝宠幸景教和景教僧的功德，表彰了景教僧辅佐和服务朝廷的业绩，是非常珍贵可靠的文字史料。

德宗以后，景教历经顺宗、宪宗、穆宗、敬宗和文宗5代王朝延续下来，但已处于衰落时期。穆宗长庆四年（824年），舒元舆所作的《唐鄂州永兴县重岩寺碑序》说，全国的摩尼教、景教和火祆教这3种外来宗教的寺庙总和，根本比不上佛教在一个小县的寺庙数量。由此可知，景教的规模是很有限的。会昌五年，武宗下令禁止佛教，毁寺杀僧，殃及外来宗教，景教也遭禁止。此后景教似乎在中原大地湮灭了，只在北方草原和南方沿海港口尚有遗存。黄巢起义军围攻广州（878年）期间，约有12万名回教徒、火祆教徒、犹太教徒和景教徒被杀。此后景教仅在北方草原的游牧民族中流传。宋太宗太平兴国五年（980年），曾有一位叫那及兰的聂斯托利派教士奉命来华整顿教务，他回去后报告说："中国之基督教已全亡。教徒皆遭横死，教堂毁坏。全国之中，彼一人外，无第二基督徒矣。遍寻全境，竟无一人可以授教者，故急归回也。"

（2）景教的汉文典籍、景教教义、教规和教会生活。景教留存至今的文献很少，《大秦景教流行中国碑》为景教汉文典籍之首。日本学者佐伯氏认为不了解景教碑文，就不能理解其他景教文献。著名的天主教学者方豪撰写的《唐代景教史稿》描述《景教碑》时说："碑顶有额作蟠龙状，中镌十字……十字下题大秦景教流行中国碑九字，分列三行，碑下有龟承之。碑身上狭下广，上薄下厚。"该碑文共有汉字约1780个，并有数行叙利亚文，列有叙利亚文教士的名字70余个。碑文的作者是"大秦寺僧景净"，由吕秀岩手书。此外，1908年在敦煌石室发现少量文献，计有《序听迷诗所经》、《大秦景教三威蒙度赞》、《尊经》、《一神论》、《志玄安乐经》、《大秦景教大圣通真归法赞》和《大秦景教宣元本经》。这些文献都不长，多则数千字，少则几百字，有的已残缺不全，除个别留存我国外，其他的藏于法国和日本。

据有关专家考证，《序听迷诗所经》中的"序听"即"序聪"，唐代人读音耶稣，"迷诗所"应为"迷诗诃"，也即"迷师诃"（弥赛亚，意思是救世主）。因此《序听迷诗所经》应该是《耶稣弥赛亚经》。而《大秦景教三威蒙度赞》中的"三威"，即基督教的上帝圣三——圣父、圣子和圣灵，"蒙度"含有得蒙救赎的意思。该文中称上帝的三个位格为"慈父、明子、净风王"（即圣父、圣子和圣灵）。《三威蒙度赞》也就是教会现在经常使用的《荣归主颂》或称《荣福颂》的唐代汉译本。《尊经》是向"法王"祝福的书，该经在圣父、圣子和圣灵之后列出31位法王（即圣徒、圣人），如瑜罕难（约翰）、卢伽（路加）、明泰（马太）、牟世（摩西）和宝路（保罗）等等，多为圣经人物。《尊经》还有一个珍贵的附录，提到从阿罗本入唐至德宗建中二年《景教碑》建立时，景教的各种经典经文共有530部，其中30余部已译成汉文。据考证，在已发现的几种景教汉文典籍中，只有《三威蒙度赞》是译作，其余均为编著阐述景教思想的汉文作品。《一神论》分3卷，即一天论第一、喻第二和世尊布施论，是论述景教神学的作品。《志玄安乐经》是以弥施诃和芩稳僧伽（西门彼得）对话的形式，教导人们求得安乐之法的书。《大秦景教大圣通真法归赞》和《三威蒙度赞》一样，均为赞美诗，大概是在耶稣显容节庆典时信徒们所唱的赞美歌。

概括地说，景教汉文典籍中阐述的景教教义涉及基督教教义和圣经的许多主要内容，如三位一体、上帝创造宇宙万物、始祖本性之完美和因受撒旦诱惑而堕落犯罪、天使领报、圣婴降生、耶稣受洗、圣灵降临、十诫、八福、耶稣受难、复活和升天的基本教义和道理等等。从现有的汉文文献看，人们难以确定景教僧是否已将全部圣经或其中的部分经卷译成了汉文。在教会教规和生活方面，人们可以了解到景教教会每天诵经7次，7日礼拜一次，举行洗礼和礼拜时要手持十字架。从留存至今的赞美诗《三威蒙度赞》这一事实看，景教徒可能也用汉文唱赞美歌。景教教士几乎全是叙利亚人和波斯人，其职务分大主教（即法主、大法主）、主教（即上德或大德）、司铎、助祭等几级，主教以下均可结婚。教士们都削顶留须，不豢养奴婢，不聚敛财物，劝人慈悲爱人、正直谦逊、济世行善、待人平等。

此外，景教徒多为居留在唐的西域商人和少数贵族，而波斯人又长于商业和其他职业，如行医、木工、锻工、买卖香料或从事金融活动等。一些景教传教士也从事经济活动，他们既是传教士，也是商人或其他职业者。所以景教僧在唐朝有以医传道之名，史书中有波斯僧及烈等"广造奇器异巧"进献玄宗皇帝之说。

（3）适应国情，依附统治者，吸收借用儒释道。景教传到中国，进入一个高度文明的伟大国度。唐代有优美的文字语言、丰富的史书典籍、典雅的诗歌作品、完备的宗教和制度。众所周知，"入乡随俗"是人们在异域生存的一般常识，宗教似乎也不能例外。景教来到中国后，不可能置唐朝的文明于不顾，无视朝廷统治的威严，不可能用波斯民族的语言在华夏民族文化的土壤上创造出唐人喜爱的作品，这是显而易见的道理。因此对于景教僧来说，适应唐地国情，争取发展空间，是他们唯一的选择。

景教适应唐朝国情和文化的做法之一，表现为吸收儒家传统的忠君思想，为当朝皇帝歌功颂德，依附朝廷，争取他们的恩惠，以求生存和发展。《序听迷诗所经》中的"圣上皆神生今世"的观念，就是其中的一个例子。显然，这种"君权神授"的思想本不是基督教的原有思想或教义所包含的内容，倒是与儒家的"天子"观念如出一辙，应当说这是聂斯托利派传入中国后对原有思想的发展。又比如，《景教碑》对太宗至德宗的 5 朝皇帝逐一赞美：称"太宗文皇帝，光华君运，明圣临人"；称玄宗"宠赉（音 lài，义赏赐）比南山峻极，沛泽与东海齐深"；称肃宗的善行打开了福祚（音 zuò，义为福）之门，上天降恩于皇室，帝业建立；称代宗善于体察天意，所以天下昌盛；等等。

在颂扬皇帝的同时，景教僧并没有忘记抬高景教的地位，并将它与唐朝的统治联系起来。《景教碑》说，"惟道非圣不弘，圣非道不大。道圣符契，天下文明"，意思是说，只有"道"而没有皇帝的支持，"道"也就无法推广弘扬，皇帝如果不弘扬"道"，他也就难以成为伟大的皇帝。只有"道"与皇帝相结合，天下才能文明。从而把景教与圣上之间的关系定位为一种相辅相持的关系，这样，景教对唐朝统治的重要性就再明白不过了。

景教取悦统治者还表现在直接为朝廷效力方面。据《景教碑》记载，两位景教僧曾在朝廷担任官职，例如伊斯任"金紫光禄大夫，同朔方节度副使，试殿中监"。伊斯来自遥远的巴尔克（属今阿富汗），博学多才，官至正三品，担任过汾阳郡王郭子仪的副使和试殿上的副监督，因辅佐有功，得到过皇帝特别赏赐的紫色袈裟。他为人和蔼可亲，乐善好施，甚至连皇帝赐予的玻璃物件、金钱和毛毯都送与他人享用。在他的感动下，郭子仪也仿效景教徒广为施舍。伊斯品德高尚，被称为完人。又据载，唐玄宗的长兄患病，请僧人崇一诊视，其兄的病体立刻痊愈，玄宗大喜，并予以奖赏。这位为唐明皇的长兄治病的崇一，也是一位景教僧。可以想象，如果景教僧不是医术高超而又愿意效忠皇上，那么崇一也就不会得到请求并受命

13

为李氏宗室治病了。还有前面提到的波斯僧及烈"广造奇器异巧"敬献皇室也是这方面的例子之一。

景教适应唐朝国情和文化的表现之二在于，它将基督教的上帝观念与儒家的忠孝观念相结合，来论述事奉"天尊"（即上帝）与事奉天子和事奉父母的关系。《序听迷诗所经》说：人们都应该敬畏上帝，应当天天教导每一个人都畏惧上帝。假如人们都敬畏上帝，那么人们也就会敬畏皇上。圣上前世有大福，上帝才让他做皇帝，世上一切都是从上帝那里来的。所有臣民都隶属圣上，都要照圣上的意思去做。如果有人不按皇帝的话去做，不服从皇帝，那么人们就会认为他犯了忤逆犯上之罪。除了敬畏上帝和皇上之外，人们也必须敬怕父母。一切福分都是从父母那里来的，正如是从圣上和上帝那里来的一样。如果一个人侍奉父母，并事奉上帝和皇帝，那么他就不必再祈求上帝给予额外的赐福了。事奉上帝、皇帝和父母这三件事，实际上是一件事。在这三件事中，人们首先要事奉上帝，其次是圣上，第三是父母。所以，天下所有人都奉养父母。所有皇帝都是上帝降生于人间的，人们都明白这些道理，所以都敬畏上帝和圣上，并敬畏父母。人们由于畏惧上帝和皇帝，并畏惧父母，所以都遵守上帝的诫命，不敢违抗。景教这样做的结果，便是用基督教的上帝至高至上至公的思想，把儒家所宣扬的"三纲"中的"君为臣纲"和"父为子纲"神圣化了，事奉上帝及皇帝及父母，才能在上帝那里蒙福，为上帝所喜欢，上述三者缺一不可，否则就是违犯诫命。

这种明确地把事奉皇帝与事奉父母和上帝联系到一起，并把事奉皇帝上升到如此的高度来认识的做法，可以说是景教的发明。

景教适应唐朝国情和文化的表现之三，在于借用佛道教的词汇和叙述形式来表达自己的观念。景教传入中国时，佛教和道教在中国十分盛行，李氏宗室自称与老子一家，历代尊崇老子，保护道教。但唐代也推崇佛教，太宗时就派玄奘去西域取经。从景教文献和史书中，可以发现景教借用了"寺"、"僧"、"佛事"、"功德"（礼拜）、"阿罗诃"（上帝）、"佛"、"天尊"（上帝）、"世尊"（耶稣）、"净风"（圣灵）、"三一妙身"（三位一体）、"佛法"（诫命、戒律）、"弥施诃"（弥赛亚）、"上德"（主教）、"娑殚"（音suōdān，义撒旦）、"阎罗王"（魔鬼）等术语来表达基督教的概念。此外，从景教文献中还可以发现其行文形式与道教和佛教经典也有相似之处。例如，《景教碑》中的"真常之道，妙而难名，功用昭彰，强称景教"；《志玄安乐经》中的"无求无为，则能清能净。能清能净，则能悟能证"，"无欲无为，离诸染境，入诸净源"；以及《序听迷诗所经》中的"天尊先遣众生礼诸天佛，为佛受苦"；等等。

从基督教自身的历史来分析，景教适应唐朝国情和文化的做法，实际上是有其历史渊源的。一方面基督教在形成的过程中，适应希腊化时代的文化，汲取了希腊哲学中的"逻各斯"观念和斐洛的哲学思想；另一方面，基督教在形成和发展的过程中，由于基督徒多次受到罗马帝国统治者的迫害，致使教会内出现了一批护教士，他们引经据典，向罗马帝国统治者力陈基督教及其信徒对国家、社会和人民不仅无害反而有益的主张。313 年罗马帝国颁布"宽容敕令"后，基督教才最终取得合法地位。325 年君士坦丁皇帝在尼西亚召集第一次基督教全体主教会议，协助解决教会内的神学纷争，开创了政权干预教会事务的先河。会上被斥为异端的派别遭到谴责和放逐。由此可见，基督教只有得到政权统治者的理解和同情乃至支持，才能存在和发展，否则将受到迫害和谴责，成为早期教会的历史教训之一。聂斯托利被流放，聂斯托利派被斥为异端而受迫害的教训也证明了这一点。因此，聂斯托利派的传教士来到中国，适应中国文化和国情的做法，对他们而言应该说是不难的。另外，从景教在唐朝所处的宗教背景看，可以说，景教僧受佛教适应中国儒家传统的做法的耳濡目染，而采取相应的做法也是可以理解的。

关于景教在唐朝没有充分发展的原因，长期以来一直是人们争议的话题。学者们一般认为，景教主要在外族人当中流传，并依附于朝廷而存在，披着佛道教的外衣而传播，是它在唐朝失败的主要原因。但也有人把景教失败的原因归咎于其经典贫乏且晦涩难懂，或者归咎于当时的人们不需要新的宗教。而罗马天主教和新教的一些传教士则以正统自居，甚至提出景教的失败在于他们传播"异端"。不管怎么说，景教在唐朝的历史短暂，因各种原因，其地位和生命力注定是软弱的，一经打击便荡然无存也是不足为怪的。虽然景教僧曾与儒家文化有过对话，但这种对话只是单向的，对中国文化未发生任何影响。

应当指出，同基督教以后3次入华的历史背景相比，景教来华与军事和政治扩张活动没有任何联系。同基督教的其他派别如罗马天主教或新教相比，景教也是基督教中表现出对中国传统文化和宗教不仅没有恐惧感而且敢于吸收的唯一派别。景教僧依附和服务于朝廷的做法，开了基督教在华传教走上层路线的风气之先，作为一种发展方式，为后来的部分传教士所继承。

元代的也里可温

基督教在中国发展的第二阶段在元朝，当时被称为也里可温。据元《至顺镇江志·大兴国寺记》，"也里可温，教名也"。元代有的碑文中提到过"也里乔"，实际指的也是也里可温。"也里可温"是蒙古人对当时流行的基督教中的景教和罗马天主教的统称。除表示教名外，"也里可温"也指"信仰上帝的人"，即景教徒和罗马天主教徒。他们的教堂被称为"十字寺"或"忽木刺"、"胡木刺"。蒙古人入主中原以前，蒙古大汗对各种宗教采取"一视同仁"的政策予以宽容，以便得到各路神明的保护。忽必烈定都大都（北京）以后，专设宣政院、集贤院和崇福司分管佛教、道教和也里可温事宜，多次颁布敕令保护也里可温教堂，给予也里可温种种特权，免其徭役、兵役和租税，而且还"依僧例给粮"，这些做法对景教和罗马天主教在元代的流传十分有利。

关于蒙古语"也里可温"一词的语源，至今尚无法确定。也里可温教也未留下与其教义教规相关的教内汉文文献。关于也里可温的文字史料，留存至今的屈指可数。除元《至顺镇江志·大兴国寺记》，《罗马教皇英诺森四世致元定宗贵由的信》，《蒙古大汗贵由致罗马教皇的复信》，蒙古大汗与法兰克王腓力的通信，罗马天主教传教士孟高维诺（1247～1328年）、安德勒的信之外，还有散见于《元史》与一些西方人如《马可·波罗游记》和约翰·柯拉（John de Cora）的《大可汗国记》以及其他一些罗马教皇的使节所著的游记中。此外，在中亚、蒙古和中国境内各地出土的墓碑和十字架，也为人们了解和认识也里可温提供了依据。以上文献大都收入了张星烺编注的《中西交通史料汇编》第一册。

（1）景教。元朝的景教与唐朝的景教并无直接的继承关系，而是与流行于中亚和大漠以北的一些部族信仰的景教有关。早在成吉思汗统一漠北以前，在大漠南北已有4个部族（克烈部、汪古部、乃蛮部和蔑里乞部）皈依景教，其中克烈部皈依的时间最早（约在11世纪初）。成吉思汗的家族皈依景教与他们同这些部族的妇女通婚直接相关，成吉思汗娶克烈部王女唆鲁忽帖尼为妻，就是其中的一个例子。唆鲁忽帖尼是蒙哥、忽必烈和旭烈兀的生母别吉太后。据称旭烈兀曾经说过，"吾母亦基督教徒，吾心中最爱基督教徒也"。别吉太后死后，停灵于甘肃"十字寺"，后迁至北京。据《元史·顺帝纪》第38卷载，"后至元元年（1264年）三月，中书省臣言肃州甘州路十字寺，奉安世祖皇帝后别吉太后于内，请定祭礼，从之。"关于为别吉太后祈祷做礼拜一事，在史书《甘州志》第2卷和《元史·文宗本纪》中也有记载。成吉思汗家族和侍臣中信仰景教的还有定宗贵由的生母、旭烈兀的元妃托苦思可敦，成吉思汗的近臣镇海及其3个儿子，蒙哥汗的近臣博剌海等等。蒙哥汗虽然未皈依景教，但因其母亲是景教徒，所以也善待景教徒。据著名学者陈垣根据汉文史书考证，在蒙古人入主中原之前，景教已流行于外蒙、内蒙、新疆和黑龙江了，内蒙百灵庙、新疆伊犁和山西大同等地挖掘出土的墓碑和十字架也证实了这一点。

随着蒙古人南下，景教也随之入关，并在元朝成为有影响的宗教。忽必烈定都大都（北京）之后，景教逐步传到中国各地，在蒙古、甘州等地都有景教教堂和教徒。据《马可·波罗游记》记载，"镇江府是一蛮子城市……其地且有聂斯托利派基督教徒之礼拜堂两所，建于基督诞生后之1278年，兹请述其缘起。是年耶稣诞生节，大汗任命其男爵一人名马薛思吉斯者治理此城三年。其人是聂斯托利派之基督教徒，当其在职三年中，建此两礼拜堂存在至于今日，然在以前，此地无一礼拜堂也"。马可·波罗描述的情形，与《至顺镇江志·大兴国寺记》描述的元世祖忽必烈至元十五年（1278年）景教徒马薛里吉思任镇江府路总管府副达鲁花赤（即镇江府知府）时建寺的情况基本吻合。据《元史·百官志》记载，延祐二年（1315年），"省并天下也里可温掌教司七十二所"，即表示当时属"崇福司"管辖的也里可温教堂共72所。据说，景教在山西大同、大都和唐兀（今宁夏）、甘州等地最为兴盛。这些地方的教堂大都建筑华丽漂亮，并有主教驻节。景教主要在蒙古人和色目人（包括西域人和其他二三十种外国人）当中流传，教徒人数难以估计。

元代比较著名的景教徒有高唐王阔里吉斯（后改信天主教）、镇江府副达鲁花赤马薛里吉思、文学家马祖常和赵世炎等人。其中马祖常出自景教世家，其祖先原为西域聂斯托利贵族，家人皆采用基督教教名。马薛里吉思原为中亚撒马尔干（《元史》称"薛迷思干"，《至顺镇江志·大兴国寺记》作"薛迷思贤"）的医生，忽必烈于至元十五年委派他治理镇江。据载，马薛里吉思"虽登荣显，持教尤谨，常有志于推广教法"。一天晚上，他忽然在梦中看见七重天门洞开，天门里出来两位天神对他说，应当建造7座景教寺。于是，他受梦中异象的启发，弃官造寺，在镇江、丹徒和杭州共建寺7所。但是元仁宗登基后，由于仁宗尚佛，也里可温遭到排斥，马薛里吉思建的十字寺有的被拆毁，改为佛教寺庙。清朝康熙年间重修《镇江志》时，马薛里吉思所建的十字寺的寺名已全都不见了。

另外，元代还有两位闻名于西方的景教徒，即畏兀儿人列班扫马和马可斯。扫马生于汗八里（今北京），其父于 13 世纪初来北京担任景教教会巡视员。扫马年幼时，其父就给他讲述景教的道理，后来又给他安排结婚。但他入教后却按自己的心愿放弃了家庭生活，30 岁入了修院，后来又到北京郊外的山里过隐修生活。马可斯的父亲是聂斯托利派的总主教，马可斯也有志于隐修，便离开家乡慕名拜扫马为师。3 年后马可斯接受了剪发礼成了修士。1278 年他们结伴西行，从北京出发去耶路撒冷朝觐救世主的圣墓。2 人既懂汉语、蒙语，又懂波斯语，沿途受到元朝诸王的欢迎和景教徒的帮助。在马拉加城（今伊朗境内），他们拜见了宗主教马·登哈，受到殷切的款待，并取得去巴勒斯坦的介绍信前往圣地。但因战乱，2 人只到达叙利亚北部，未能抵达耶路撒冷。后来他们到了巴格达，再次见到马·登哈宗主教。马·登哈任命马可斯为中国契丹（即北方）的总主教，任命扫马为巡视总监，令他们返回中国传教。他们接受了任命，马可斯改名雅巴拉哈，时年 35 岁。在归国途中，他们忽闻马·登哈宗主教于 1281 年去世的消息，立即返回巴格达参加葬礼。葬礼之后，雅巴拉哈被各地主教一致推举为东方教会的宗主教，取名雅巴拉哈三世。

1284 年，阿鲁浑王即位统治波斯，他企图征服巴勒斯坦和叙利亚，渴望得到罗马教皇和欧洲各国君王的支持。在雅巴拉哈的推荐下，扫马于 1287 年（至元二十四年）出使欧洲，携带着伊儿汗王阿鲁浑给希腊王和法兰克王的信、30 匹马和通行证以及雅巴拉哈三世致罗马教皇的信和礼物，于 1287 年 3 月动身前往欧洲。同年 4 月，他在罗马受到红衣主教哲罗姆的接待，两人一起讨论了教义问题。当时教皇洪诺留四世刚刚去世。扫马从罗马经托斯卡纳和热那亚于 1287 年 9 月抵达法国巴黎，拜会了法王美男子腓力，呈上阿鲁浑王的信。扫马一行参观了许多大教堂，了解了圣经翻译和评注方面的知识以及哲学、修辞学、医学、地理、天文、数学等方面的知识。后来他又去英国晋见了英王爱德华一世。英王举行宴会优待扫马，并请他主领圣餐，用的是景教仪式。扫马后来又回到罗马，谒见了新教皇尼古拉四世，呈上阿鲁浑王和雅巴拉哈三世的信，并接受了教皇的祝福。扫马完成任务后携带着教皇的书信和礼物返回伊儿汗国。扫马和雅巴拉哈一直受到阿鲁浑王的敬重，数年后 2 人先后死去。

（2）罗马天主教首次来华。罗马天主教 13 ～ 14 世纪在华的经过，可按蒙古人入主中原前后分为两个阶段。前一个阶段为蒙古族入关之前，罗马教皇派使臣以讲和为目的抵达蒙古国首都和林（今蒙古人民共和国哈尔和林），仅作短暂停留；后一个阶段为元朝建立以后，教皇派传教士来华长期居留中国，以传教建堂为目的。

13 世纪初，蒙古族崛起，成吉思汗及其第三子窝阔台武功至盛，建立起一个横跨亚欧大陆，东至黄海，西至多瑙河及波罗的海，北至俄罗斯的空前的蒙古大汗国，使罗马教廷和欧洲君王大为震惊，感到深受蒙古人威胁。1245 年，罗马天主教会在法国里昂召开会议，教皇英诺森四世（1243 ～ 1254 年在位）在会上决定派遣教廷专使东来，与蒙古人修好，并希望用宗教感化蒙古，使之成为基督教国家。柏朗嘉宾（1182～1252年）等3名天主教方济各会士受命出使蒙古汗国首都和林。

柏朗嘉宾是意大利佩鲁贾人，是圣方济各的弟子和助手，受命时已年过六旬。柏朗嘉宾一行于1245年4月16日由法国里昂出发，历经千难万险，横跨欧亚大陆，于翌年7月22日抵达蒙古大都和林。适逢太宗窝阔台去世。同年8月24日柏朗嘉宾参加了定宗贵由的登基大典。不久，他得以觐见定宗，呈递教皇书信。11月柏朗嘉宾携带蒙古大汗给教皇的复信起程返欧。行前，太后（景教徒）赐各位貂皮缎袍二袭。1247年7月，柏朗嘉宾回到里昂向教皇汇报。后来柏朗嘉宾用拉丁文撰写了《蒙古史》。

柏朗嘉宾带到和林的《罗马教皇英诺森四世致元定宗贵由的信》，对蒙古人滥杀无辜表示惊异和不安，并以天主在世代表的名义劝其停止暴行，特别是不要再伤害基督徒。教皇还劝诫定宗贵由立即忏悔，争取天主的宽恕，否则必遭天主惩罚。信中说，蒙古大汗及其部下"侵入基督教诸国以及他境，所过杀戮，千里为墟。直至于今，王及部下凶狠之气、破坏毒手，未稍休止。解除一切天然束缚，不论男女老幼，无有幸晓王之剑铓（音 máng，义即芒）者。余代天主行教，闻王所为如此，不胜诧异。余本天主好生之德，欲合人类于一家，据敬天明神之理，特申劝告并警戒，请求王及部下止息此类暴行，尤不可虐待基督徒。王所犯罪恶多而且重，必遭天主所遣，可毋庸疑。王须急宜忏悔，使天主满意。以前诸国所以为王克服者，乃天主所使，非王之兵力所能也。以后王及部下亟宜停止暴行，须知天主可畏也。骄横跋扈之人，固有时幸逃天主法网，然若怙（音 hù）恶不悛（音 quān），始终不知迁善谦让，天主未有不严刑惩罚者也"。信中还说，柏朗嘉宾是代表教皇去劝说蒙古大汗的，希望大汗能采纳他所提出的"和平方法"，并请大汗解释说明"扫灭他国"的原因和以后的意向。

定宗贵由认为，教皇来使和书信是为了"讲和"。于是他以全人类君主的名义回信说，自己也是敬奉上帝的，征服全世界也是履行上帝之命，并得到了上帝的佑助。他在信中说，"贵由大汗，全人类之君主圣旨：咨尔大教皇，尔及西方基督教人民，遣使携国书，远来与朕讲和。朕召见使者，听其言，阅其书，知尔等之意，确欲讲和。然既欲讲和，尔教皇、皇帝、国王及各城市之有权势者，皆须火速来此议和，听候朕之回答及朕之意旨。尔之来书，谓朕及臣民皆须受洗，改奉基督教。朕可简略告尔，朕实不解，为何必须如此也。尔之来书，又谓尔等见国兵杀人……甚为诧异云云。朕可简略告尔，尔所云者，朕实亦不解也。然朕若不言，尔或不明真故，兹特答尔如下：彼等不守上帝及成吉思汗的教训，相聚为不善，杀戮我国使，故上帝震怒，命灭彼国，而将彼人交入朕手也。若非上帝所使，人对于人，何能如是乎？尔等居住西方之人，自信以为独奉基督教而轻视他人。然尔知上帝究将加恩于谁人乎？朕等亦敬事上帝。赖上帝之力，将自东徂（音 cú）西，征服全世界也。朕等亦人，若非有上帝之力相助，何能成功耶？"书信盖有玺印："上帝在天，贵由汗在地，上帝威棱，众生之主。"

罗马教皇自称是"天主仆役之仆役"，"代天主行教"。定宗贵由则自称是"全人类之君主"和"众生之主"。他们二人一个是 13 世纪中叶处于欧洲中世纪巅峰的罗马天主教会之首，一个是席卷欧亚、征服世界的蒙古大汗，都以天下之主自居，按照其各自的准则批评对方为恶不善，结果讲和必然毫无成效。罗马教皇与后来入主中原的蒙古人的首次书信交往，除相互进行裁定性的指责外，还反映了双方在文化观念上的差距、隔膜和冲突，类似的情形此后还多次反复重现。

此后，罗马教皇和法王路易九世又先后派遣多明我会的隆如美和方济各会的罗伯鲁于 1250 年和 1254 年出使蒙古，请求通好。罗伯鲁对大汗蒙哥宽容各种宗教的做法印象很深。但这两次求和之行均收效甚微。

至元二十六年（1289 年）意大利方济各会的孟高维诺受教皇尼古拉四世的派遣来东方传教。他的东来与意大利威尼斯商人波罗兄弟之间有一定的关系。1266 年著名的《马可·波罗游记》的作者意大利人马可·波罗的父亲和叔父在东方经商期间，应邀至蒙古上都和林晋见蒙古大汗忽必烈。忽必烈委托他们带信给教皇，请派通晓"七艺"（即文法、伦理学、修辞学、算学、几何学、音乐及天文学）的传教士 100 名东来传教。由于种种原因，罗马天主教传教士始终未能抵达中国。

20 余年之后，孟高维诺一行携带教皇致伊儿汗国王阿鲁浑王和元世祖忽必烈的信，经亚美尼亚、波斯和印度来到中国。在印度逗留传教期间，他的同伴多明我会修士尼古拉因病去世。1293 年他孤身一人来到中国，先在泉州登陆，然后北上大都（北京）。1294年，他以教皇钦使的名义抵达大都，受到朝廷的礼遇，并获准在大都居留传教。

根据孟高维诺留下的书信，我们可以得知，在中国的第一年里，孟高维诺劝说汪古部的高唐王阔里吉斯从景教改信罗马天主教，而且为了感激孟高维诺，阔里吉斯给他 1296 年所生的儿子取教名术安（即约翰）表示纪念。大德三年（1299 年），孟高维诺在大都建起第一座天主教堂，1305 年建起第二座教堂，并给 600 人施洗。他还收养了一批 7～11 岁的儿童，为他们洗礼，并教授他们希腊文和拉丁文以及赞美诗和基本要理，每逢举行弥撒仪式时，便由这些孩子在教堂里轮流服务。教皇克莱门特五世闻知孟高维诺传教卓有成效，于 1307 年欣然任命他为汗八里总主教及东方宗主教，并增派七位方济各会主教来华协助工作。这七人中只有哲拉德、安德勒和裴莱格林于 1308 年到了中国，其余 4 人皆未抵达。

他们与孟高维诺在大都一起住了 5 年。1313 年孟高维诺在泉州（刺桐）新设主教区，委派哲拉德任该主教区第一任主教。他去世后，裴莱格林和安德勒先后担任第二任和第三任主教，1326 年后便无人继承主教职位。哲拉德曾在泉州建造一座华丽的大教堂，安德勒在泉州附近建造小教堂一座。此外，孟高维诺还派人到杭州和扬州传教。

另一位意大利方济各会士和德里（1265～1331 年，又译鄂多立克）于 1318 年从欧洲起程经海路于 1322 年抵达中国泉州。后来又取道福州、杭州、扬州、临清、济宁沿着大运河来到大都，居留 3 年，辅助孟高维诺主教传教。1328 年，他离华返欧，沿途经过陕西、四川、西藏和亚美尼亚等地，于 1330 年回到意大利，次年去世。由他口述经梭那拉笔录的游记《奉使东方记》成为欧洲中古时代著名的著作之一。

从孟高维诺、安德勒等人留下的信中可以知道，孟高维诺还通晓蒙文，并将《新约》及《旧约·诗篇》、赞美诗和日课译成蒙文。他还用"书写、颂读和口演三种方法"宣传教义，用拉丁文主持弥撒，用蒙文通读圣经，他还绘制了 6 幅画像供讲授圣经之用。他曾经劝说大汗改信天主教，但没有成功。这些传教士远离祖国和母教会，其生活来源主要依靠朝廷的俸金和赏赐，而且"俸金之总数，过于拉丁数国王之赋税"。孟高维诺还在朝廷中"有一职位"，可按规定时间入宫，元朝皇帝视其为教皇专使而予以礼遇，其"礼貌至崇，在所有诸教官长之上"。据约翰·柯拉约于 1330 年完成的《大可汗国记》记载，孟高维诺及其信徒若有所需求，元皇帝无不为之设法供给，可见孟高维诺极受重视。他们在信中还盛赞元帝国"庞大无比，全世界各国，莫与比京"，"国家组织，兵马强盛，国中太平，无人敢执刀以犯其邻"，境内"天下各国人民，各种宗教，皆依其信仰，自由居住。盖彼等以为凡为宗教，皆可救护人民"，"此间拜偶像者，宗派甚多，各有其信仰。每派信徒甚多，礼节习惯，亦各不同"，天主教可自由流传。

由于元帝国奉行信仰自由政策，对所有宗教一视同仁，景教先于罗马天主教在蒙古人和色目人中间流传，而它又被罗马天主教视为"异端"，双方自然发生冲突。孟高维诺声称，他初到大都时，受到景教徒的"直接虐待"，备受"欺负"，妨碍了建堂传教。他说景教徒在皇帝面前对他诬陷诽谤，"种种情形，备极残酷"。他抨击景教徒"名为守奉基督，而实则远离圣道"，是异端邪说。又据《大可汗国记》载，孟高维诺之所以招景教徒仇恨，是因为他曾费尽心力劝景教徒归顺罗马。他还明确表示，若景教徒固执己见，他们将被罚入地狱，永不得救。由此可知，孟高维诺在大都的最初几年，双方的冲突尤其激烈，而且从上述文字中可以看出，他们之间的冲突与天主教的神职人员以正统自居、蔑视和驳斥景教徒有很大关系。考虑到罗马天主教在欧洲的地位及其对所谓"异端"的一贯态度和做法，这样说应当是合理的。尽管双方有冲突，但由于元朝廷同等对待他们，所以景教和罗马天主教均享有在华自由传播的权利。

1328 年，孟高维诺卒于北京，享年 81 岁。他在华34 年，是天主教在中国的第一位总主教。由于路途遥远，交通不便，这一消息5年之后才传到教廷当时的所在地法国的阿维农。于是，教皇约翰二十二世（1316～1334年在位）派方济各会士尼古拉斯继任汗八里总主教。1336年，元顺帝派使团赴欧请求教皇派人接替孟高维诺，因为信徒们"居世无教师，死者灵魂无抚慰"。但是这两次努力均无结果。1338年，教皇本笃十二世（1334～1342年在位）派遣意大利人马黎诺利任专使来华。马黎诺利于至正二年（1342年）抵达汗八里视察教务。他看到元朝政局险恶，唯恐大乱，遂决定返欧。虽经元顺帝挽留再三，但他还是于1345年离开大都南下，次年经泉州取水路返国。有趣的是，1352年他回到阿维农之后，却竭力提出必须派传教士去中国。后来罗马教皇曾先后派3位主教继任汗八里主教职，但一个也不曾到任。

由于文献的匮乏，人们对罗马天主教在元朝流传的情形只有粗略的印象。那时汗八里已是总主教区，泉州是主教区，当时的教堂屈指可数，信教人数不过3万左右，信徒主要是蒙古族人、阿兰人和色目人。当年方济各会留下的罗马天主教流传中国的活的依据是一本拉丁文《圣经》。这本圣经是13世纪的版本，是耶稣会士柏应理于17世纪末在江苏常州的一个非天主教徒家里发现的，据说这本圣经是他家祖先从元代传下来的。这本《圣经》由柏应理带回了欧洲，现藏于意大利佛罗伦萨的洛伦佐图书馆。

从也里可温教即景教和罗马天主教在元朝存在的时间、流传的范围和势力看，景教要略胜一筹。由于也里可温教主要在蒙古人、阿兰人和色目人中间流传，随着元朝的灭亡、蒙古族北迁、中西交通陆路和海路的中断、教士的缺乏，景教和罗马天主教也在中国本土再次绝迹了。也里可温教未对中国文化产生任何影响。相反，意大利人马可·波罗所写的《马可·波罗游记》和方济各会士和德里所写的《奉使东游记》却在欧洲产生很大的影响。书中介绍的中国风土人情、商贸制度，给欧洲人留下了很深的印象，成为他们认识和了解中国的窗口，时至今日，不少西方人还把北京的卢沟桥称作"马可波罗桥"。历史的经验说明，封建统治者实行宗教宽容政策，是外来的基督教可以在华流传的条件，但是，如果基督教不在汉族人中间流行，那么它在中国长期延续下去的可能性的确很小。

二 明清之际的罗马天主教

基督教在中国发展的第三阶段是明末清初。从西班牙人耶稣会士方济各·沙勿略于 1552 年登上广东省的上川岛，至 1724 年雍正皇帝颁布禁教令，这一阶段基督教在华的历史共计近 200 年。不过，1724～1839 年，一直有罗马天主教的外籍传教士在华秘密活动，民间也有教徒秘密举行聚会。简单概括地说，明清之际天主教在华的发展，经历了利玛窦（1552～1610 年）奠定基础、南京教案、清初"历狱"及其以后稳定发展和"礼仪之争"，直至最后被禁的历程。同基督教前两次在华的情形相比，明清之际罗马天主教在中国的发展有以下特点：

（1）所谓"地理大发现"和海路的畅通，确保了罗马天主教的传教士从欧洲不断地来到中国，使在华的天主教传教士可以与他们的祖国和罗马教廷保持联系，有利于罗马教廷对在华传教士及其行动的指导与制约，使信徒的宗教生活不至于因缺乏教士而中断。

（2）来华天主教传教士人数众多，他们属于不同的修会和国家。由于生活背景和经历不同，在热衷于传教的共同前提下，他们的传教政策也大相径庭，甚至互相对立，彼此难容，导致内部冲突逐步升级以至于白热化。这是招致清廷禁教的最初的、也是主要的原因之一。

（3）受西方宗教和文化熏陶的罗马天主教传教士的到来，在观念上构成了对明朝末年中国文化和宗教观念的挑战；同时，他们自身的观念也受到了中国传统文化特别是儒释道的挑战。在这两种完全异质的文化和宗教观念相互挑战与应战的过程中，以利玛窦为代表的部分传教士适应明末清初的中国国情，遵奉当朝的法规和习俗，并在先秦儒学和天主教教义中寻求契合点；而以徐光启为代表的儒家士大夫则接受了天主教，并在其中看到了可以"补儒易佛"的内容。他们最终成为那个时代中西文化对话的成功范例。

（4）传教士来华以传播信仰为本，但是在中国实行海禁的年代，他们最初无法从事直接的传教活动；而他们掌握的西方自然科学知识在一定程度上满足了当时社会富国强兵的需要，于是这些知识便成为他们赖以在华居留的资本。

（5）明清之际接受天主教的中国人主要是汉族人，其中既有士大夫阶层，也有平民百姓，他们信教基本上是出于精神需求或者是由家庭传承促成的。

（6）明清之际，中国的十几个省已有天主教活动；中国已出现天主教传教区划分，中国教徒不仅在教会里担任了神父而且还担任了主教，尽管数量十分有限，但这一事实毕竟说明中国的天主教神职人员是具有管理教会潜能的。

（7）中国的士大夫天主教徒参加了许多教义书籍和科技书籍的编译刊印工作，在传播信仰和科技知识两方面，发挥了很大的作用，这一点是前所未有的。

对于明清之际流传的天主教信仰和西方科学知识，当时的中国人依其所采取的态度可分为四类：第一类人既接受天主教也接受利玛窦等人带来的科学知识，如徐光启、李之藻和杨廷筠之辈；第二类人既不接受天主教也不接受他们带来的西方知识，如沈㴶（音què）、杨光先之流；第三类人只接受其科学，不接受其宗教，其中最典型的例子就是顺治和康熙两位皇帝；第四类人为入教的普通百姓，由于知识能力的局限，他们只接受了天主教而没有接受西方的科学知识。

明清之际来华的传教士尤其是耶稣会士和入教士大夫的汉文译著颇多，大略可分为宗教和科学两种，近代天主教学者徐宗泽于1949年编著的《明清间耶稣会士译著提要》曾予以介绍。有关这一时期天主教在华传行的资料甚多，如《天主教东传文献》一编至三编、《天学初函》、《利玛窦中国札记》、《康熙与罗马使节关系文书》影印本、《圣朝破邪集》、方豪著《中国天主教人物传》第一至第三册以及《中西交通史》下册等等。

 罗马天主教来华的历史背景

要理解明清之际天主教在中国曲折发展的过程，

必须了解其历史背景。

（1）应当认识到明末清初罗马天主教再次传入中国时，无论是欧洲的局势还是中国的局势，都与元代大不相同。从欧洲的局势看，16～17世纪的欧洲正处在从中世纪向现代社会的转变过程中，现代世俗国家正在崛起，昔日的宗教大一统制度正在解体。在人文知识和科学领域里，一方面出现了文艺复兴、人文主义勃兴，新的商人阶层渴望新的知识带来了知识的世俗化过程和世俗人文主义的发展；另一方面，知识领域里的一些旧的东西继续延续，经院哲学依然不衰，炼金术仍然有很大的市场，占星学和天文学并未完全分离，相信行星与人的命运相关依然是人们观测天象的主要动机之一。而在最后一点上欧洲人与中国人竟然不谋而合，这种巧合意外地把耶稣会士与明清政府密切联系到一起，成为他们在华供奉朝廷居留中国的敲门砖。

（2）这个时期也是欧洲人航海探险的时代，除了探险和获取经济利益的动机外，宗教动机也是激励探险家的重要因素之一。无论是哥伦布还是达伽马以及其他许多航海家，都相信他们是受上帝差遣要建立一个普世的基督教大帝国，认为它的建立将会带来盼望已久的基督教千年王国的实现。这种观念完全是属于中世纪的，但是，15世纪末西班牙和葡萄牙中央集权化的完成，促使两国的国王成为欧洲航海家的支持者，使此后欧洲罗马天主教的海外活动以及传教精神与这两个国家的政府和宗教精神一度结下了某种不解之缘。

而这两个国家素有十字军精神和借助武力解决宗教分歧的传统。在殖民扩张活动中，葡萄牙人和西班牙人每踏上一片"新"的土地，总是先树起十字架，并以圣徒之名命名发现地，而且还以粗野残暴的手段对待当地人。难怪1517年葡萄牙人抵达广州时，他们的海盗名声早已先他们而至。至于后来葡萄牙人在中国沿海浙江、福建等地寻衅滋事，骚扰官民，明朝政府不许他们进驻中国本土也就十分自然了。

由于西班牙人和葡萄牙人最初的航海远征和海外扩张具有宗教动机，所以1515年罗马教皇利奥十世批准葡萄牙独断东方传教权。1534年，教皇保罗三世又下令允许葡萄牙国王享有在东方的"保教权"，即所有从欧洲前往东方的传教士必须经葡萄牙国王批准，并且必须从里斯本乘葡萄牙船只动身前往东方。西班牙则被授权垄断了去新大陆的"保教权"，而且他们还征服了菲律宾，把菲律宾作为在东方传教的基地。从现代政教分离的观点看，传教不应与政权勾连。但是在16世纪以至此后相当长的时间里，罗马教廷与欧洲天主教国家在海外的传教活动中在许多情况下是相互支持的。政府拨款赠礼援助传教，在教会和政府看来是理所当然的，毫无不妥之处。当然，罗马教廷与欧洲世俗政府之间有时也有矛盾和冲突。

在这种背景下，明末清初的中国人怀疑在华的传教士是那些停留在中国周围的洋人侵略者的间谍的想法，是有一定理由的，何况西班牙和葡萄牙的冒险家的确考虑过征服中国的问题。《儒家与基督教，第一次对话》一书指出，1583 年 6 月，也就是利玛窦至广东肇庆的 3 个月以前，马尼拉主教多明戈·德·萨拉扎致函西班牙国王菲利普二世时宣称："我坚持，你可派一支强大的军队来，那样整个中国将无力对付它。这支军队有权进入和穿越中国诸省；它能够强行平息那些扰乱秩序的人们，强制这个王国的国王和官员允许宣讲福音，并保护福音的宣讲人。"

但是应该指出，并不是所有天主教传教士都与马尼拉主教的观点和态度相同。那些来自国家主义尚未成熟的国家的耶稣会士，曾经在中国做了大量有益的工作，以自己的行动证明他们不仅对中国有用而且他们与多明戈式的传教士不同。比如利玛窦就很不愿意与澳门的葡萄牙当局或菲律宾的西班牙当局联系太密。1603 年，明廷派员去马尼拉追查吕宋可能发现金山银山的谣言，加之中国商人和工匠在菲律宾日益增多，致使西班牙人相信中国计划出兵菲律宾，结果两万中国人被屠杀。根据美国出版的《利玛窦的记忆之宫》记载，1605 年初，利玛窦从北京写信给罗马的朋友，表示出对菲律宾事件的担忧："此地宫廷里的人们都在议论那件事，我们也担心可能会由此带来损失，因为在那件事发生以前我们都一直谨小慎微不让别人知道我们是（西班牙人的）朋友。"由此可见，西班牙和葡萄牙的海上霸权和保教权既给罗马天主教传教士航海东来提供了有利条件，也给他们在华的活动带来困难。

（3）宗教改革是欧洲 16 世纪发生的一件大事，为了抵制和削弱宗教改革运动的影响，罗马天主教会也从内部进行了革新。1543～1563年，罗马天主教召开特兰托会议，整肃纪律，纠正教会生活中的腐化现象，明确重申教义学说，并将权力集中于教皇手中。此后，源于中世纪经院哲学的教义学说在罗马天主教会中长期占据统治地位。其静态的、评判性的信条，限制并禁止任何人在与其他民族的文化和传统进行对话时，采取任何真正富有创造性的回应。这就为后来在中国发生的"礼仪之争"埋下了隐患。

早在古代教会时期，罗马天主教会内部就出现了由终身坚守独身、专职修道、献身教会事业的男女分别结成的团体即修会组织。16世纪罗马天主教革新的另一方面是重振旧修会，创立新修会。其中最重要的新修会，是由西班牙人依纳爵·罗耀拉于1534年创立，教皇保罗三世于1540年正式批准成立的耶稣会。该会强调服从、从俗、革新和献身，吸引了许多欧洲有志多才的青年。他们重视知识，提倡教育，来华的不少耶稣会士都学有所长。而其他老修会如多明我会和方济各会，则因其传统会规的限制在传教方法上趋于保守。他们对中国传统的尊孔祭祖持不同看法就证明了这一点。

（4）需要说明的是，基督教自产生时起，从本质上说，就是一个差传性的宗教，因为在《新约圣经·马太福音》里耶稣曾教导其门徒"要使万民作我的门徒，奉父子圣灵的名，给他们施洗"。因此，西方近现代基督教的传教运动，是从自我的宗教观念出发而产生的，它是以往传教活动的继续。但是应当看到，新航路的发现和宗教改革带来的教会分裂以及天主教会力量的削弱，是造成欧洲的天主教国家和许多修会对海外传教活动投入空前热情和人力物力的重要因素。

从中国当时的形势看，明朝末年的局势也是十分复杂的。一方面是政治腐败，政府无能，缺乏效率；另一方面则是部分知识分子士大夫阶层注重经世致用，渴望富国强兵，知识界呈现出一定的生机和活力。自明武宗（1506～1521年在位）起，明廷多由宠臣奸相和宦官把持朝政，而皇帝尤其是明世宗和明神宗两朝皇帝往往不见朝臣，不理朝政。明武宗以后，国家经济日益恶化，赋役苛重，土地高度集中，民不聊生，阶级矛盾加剧。东南有倭寇侵扰，北方有鞑靼攻袭。虽然万历初年宰相张居正推行改革，缓和了统治危机，但是朝廷的奢侈挥霍和对日战争使国库空虚，赋役加重，导致农民起义此起彼伏。在知识领域里，明朝中期的哲学家王阳明堪称一代大师，他对明末的士大夫阶层尤其是明朝末年的各个书院影响很大。王阳明主张心即理，强调"致知在格物"，提出"知行合一"，认为"知是行之始，行是知之成"，"未有知而不行者，知而不行，只是未知"，坚持学者必须"知行并进"。王阳明不仅是一位哲学家，也是一位政治家，曾经官至南京兵部尚书。他治军、征战、莅（音 lì）民、辅政都卓有成就。明朝末年以东林书院为基地的东林党经常议论朝政，抨击腐败官吏，主张开放言路，实行改良。从对外关系方面看，除来朝入贡的属国使臣和外国商人可定期到广州贸易外，明廷一律禁止外国人进入中国。嘉靖三十二年（1553年），葡萄牙商人借口遇到风暴受阻在澳门晾晒水渍贡物，才有外国人在澳门居留下来。嘉靖三十六年以后，葡萄牙政府又在澳门设立官署。万历元年（1573年），明朝政府在澳门北端的"莲花茎"筑起一关闸，默认界外三巴门城墙以内为葡萄牙人的属地。嘉靖四十二年（1563年），耶稣会在澳门建立一所修道院（也称"会院"、"住院"或"神学院"），澳门开始成为来华传教士的培训基地。总而言之，明朝末年的形势有利于天主教在中国的流行。明朝皇帝需要大炮和历法，爱国的上层士大夫注重实用知识，希望富国强兵，所以他们很自然地对传教士带来的科学与技术产生浓厚的兴趣。利玛窦等罗马天主教的传教士就是在上述欧洲和中国的历史背景之下进入中国的。

 利玛窦和他的伙伴们

明清之际来华的传教士都属于罗马天主教会。按其国别说，他们来自意大利、葡萄牙、西班牙、法国、德国、比利时、波兰、瑞士、波希米亚和奥地利等国；按隶属的修会说，他们来自耶稣会、多明我会、方济各会、奥斯定会、巴黎外方传教会和遣使会等修会，其中耶稣会派遣来华的人数最多（近400人），在华时间最长，在西学的传播方面贡献最大，受朝廷和士大夫的优遇和称道者也居其他各会之上。

耶稣会是明朝末年最先来华传教的。1552年，耶稣会的方济各·沙勿略首抵广东省台山县属上川岛。1565年，耶稣会在澳门建立会院，开始向当地中国人传教。1582年，耶稣会的罗明坚首抵广州，次年9月和利玛窦开始在中国本土建造属耶稣会的第一座天主教堂。同样，还是耶稣会士最先进入京城供奉朝廷，博得朝廷的喜欢，为天主教在华发展奠定了基础。耶稣会士来华若干年后，罗马教皇才于1600年允许耶稣会以外的其他修会入华。但是葡萄牙政府利用其在东方享有的传教"保教权"竭力进行阻挠，澳门的葡萄牙当局对其他修会的来华也颇有微词，结果西班牙多明我会的传教士只好于1620年从菲律宾抵达台湾传教。直至1631年才有西班牙多明我会的传教士高奇、黎玉范从台湾进入福建，从而结束了耶稣会从1582年起独自在华传教长达50年的历史。紧接着，1638年方济各会士接踵而至，其后奥斯定会和巴黎外方传教会也分别于1680年和1683年来华。

来华的传教士有的表现突出，有的表现平凡；有的在华时间不长便患病离开或辞世而去，有的几乎终其毕生精力在华活动，最后安葬于中国；有的傲慢无理，不守中国法纪，不尊重中国传统，但也有不少传教士尤其是明朝末年和清朝初年来华的一些耶稣会士，比较尊重中华文化和习俗，苦修汉文，专研典籍，著书立说，广交朋友，在士大夫中间留下了良好的印象，甚至影响士大夫们皈依了天主教；有的则在钦天监任职服务多年，受到朝廷的表彰和嘉奖，在中国近代科学史上占有一席之地。

要理解天主教在明清之际的流行方式，必须先认识来华的第一位耶稣会士沙勿略、耶稣会"远东视察员"范礼安和天主教在华传教的真正奠基人利玛窦。沙勿略被天主教会称作"远东开教之元勋"，是迄今为止被罗马教廷列入圣品的少数来华传教士之一；范礼安则长期负责耶稣会在亚洲的传教工作，他们二人对耶稣会在华的早期传教政策和明末天主教的存在方式产生了决定性的影响。利玛窦则被他同时代的中国士大夫尊称为"利公"、"利子"和"利先生"，被当代中国学者称为中西文化交流的先驱，被当今罗马教皇约翰－保罗二世称为"中国与欧洲两大文明之间的桥梁"。

沙勿略是耶稣会创始人罗耀拉的助手，1506年4月7日生于西班牙，1540年加入耶稣会，翌年受罗耀拉委派作为"教廷远东使节"从里斯本出发抵达印度果阿。据说，1542～1552年的10年中，他裸足步行10万余公里，即使在烈日下或冰天雪地也毫不畏惧。他的足迹遍及印度、锡兰、马六甲、新加坡和摩鹿加群岛，1549年抵达日本。他在那里发现日本人对中国文化极为崇敬，日本所有的教义和宗派无不传自中国，而且一切经籍均用汉文写成。据他在日本的观察发现，中国人智慧极高，远胜日本人，且善于思考，重视学术。日本人往往会说，如果基督教确实是真正的宗教，那么聪明的中国人肯定会知道并接受它。沙勿略由此断言，中国人一旦接受了基督教，日本人必起而追随。于是，他便决定到中国觐见皇帝，向中国君王及人民宣扬天主教。在写给葡萄牙国王若望三世的信中，他请求敦促耶稣会多派神父东来，而且勿派专门从事讲道的神父，因为中日两国人民博学好问，审思明辨，所以需要学术修养高深、笔谈流畅且擅长著述的神父来东方传教。

几经周折，沙勿略终于于 1552 年 8 月乘 "圣十字号" 船和他的伙伴费莱拉修士及两个仆人到达广东的上川岛。他在那里得知通往内地的道路都有人严密防守，外国人要登陆是不可能的，而且中国海禁甚严，禁止中国人帮助外国人进入广州。尽管如此，他依然公开表示要用偷渡的办法入境。尽管他作了种种努力，但终究未能如愿。1552 年 11 月 20 日，他忽然身患疟疾，引起高烧，虽经放血治疗也无济于事。当时唯一使他失望的是将死于简陋的地铺上，失去了他所渴望的殉道者的 "桂冠"。同年 12 月 2 日，沙勿略在祷告中死去。他的遗体后来被运往果阿安葬。

范礼安，字立山，1538 年 12 月 20 日生于意大利那不勒斯的一个名门望族之家，18 岁毕业于帕多瓦大学法学院，1566 年在罗马加入耶稣会，并进入圣安德烈修院学习 3 年神学，毕业不久升任神父。1574 年作为耶稣会东方视察员兼副主教偕 38 人自里斯本东来，先居印度，4 年后赴澳门，此后时常往来于印度、澳门和日本之间，调遣传教士出入中国内地。据葡萄牙神甫谢务禄（1585～1649 年，后改名曾德昭）称：一天，范礼安在澳门耶稣会会院的窗口遥望中国内地，大喊："呵，岩石！岩石！你何时才能开裂？" 经过一段时间的观察和思考，范礼安断言，像中国人这样聪明的、有成就的、献身于艺术研究的民族是可以被说服同意让一些学识和品德同样出众的外国人到他们中间生活的，而且中国人将来有希望接受基督教。于是，他写信给耶稣会总会长，提出开启中国内地之门的唯一办法，是改变当时在其他各国所采取的传教方法，派人到中国去，不明说传教，而称向慕中华文化。他指示，将被派往中国内地的传教士必须学习中国语言和文学，熟悉中国的风土人情。1588 年肇庆的教堂受到袭击后，他又提出设法请罗马教皇派使节进京献礼，请求中国皇帝允许传教士永久居留中国。他还致函教皇、欧洲的天主教国王、耶稣会会长和其他可能促进传教事业的人士，并赠给他们一些中国珍品，请求协助传教活动。1588 年，范礼安派罗明坚返欧请求教皇派使节并增派传教士来华。只是由于当时两三位教皇在罗马相继去世，使节一事不了了之。1592 年，范礼安批准利玛窦脱去僧服，改换儒服。随着他对中国和在中国传教困难的认识不断提高，他感到由澳门的耶稣会会院院长负责在中国内地的具体传教工作是十分不利的，由于距离太远，往往使传教工作错失良机。于是，1597 年，他提升利玛窦为耶稣会中国传教区区会长，不受澳门管辖，并建议利玛窦尽早进京，觐见皇帝，为传教士争取长期居留中国的权利。他还收集了圣母像、天主像和自鸣钟及其他可供利玛窦进京"入贡"的礼物，差人运往南昌。1605 年，范礼安曾经计划来中国内地探访，不巧一场大病夺去了他的生命，1606 年 1 月底，他在澳门逝世。范礼安制定的尊重中国人的精神和文化价值，利用科学阐扬天主教教理，用写作和交谈的方式向各界人士传教的原则，对当时及后来的传教士影响极大，对明朝末年天主教以令人尊敬的平和方式在士大夫中间流传，具有不可忽视的作用。

不过，亲自深入中国内地，并在实践中不断探索，对天主教在华发展实际贡献最大的，应当说非利玛窦莫属。利玛窦，字西泰，1552 年 10 月 6 日生于意大利中部偏东的玛切拉达城的一个名门望族之家，在家中 8 个子女中排行第一。他童年时性情活泼，聪颖好学，有读书过目成诵之奇才。他从小秉承母教，信仰虔诚，但他父亲希望他能走上仕途，1568 年利玛窦 16 岁时被送往罗马攻读法律。不料利玛窦于 1571 年 8 月 15 日自作主张，加入了耶稣会。相传，他父亲得知这个消息后，怒从心起，立刻动身前往罗马，打算力劝儿子改变主意，退出耶稣会。谁料车马快到托伦提诺城时中暑，只好返回。利玛窦虔诚的母亲乘机劝说丈夫，长子立志修道乃是神意，不应继续阻拦。利玛窦在圣安德烈修院学习期间，立志赴印度传教。他遂于 1577 年 5 月获准起程赴里斯本，次年 3 月 24 日乘圣路易号东渡印度，同年 9 月 13 日抵果阿。1580 年 7 月 26 日，利玛窦升任神父。1582 年 8 月应范礼安的要求抵达澳门，开始了他在中国的传教生涯。

利玛窦在华的经历广为人知，只要提及明清之际天主教在华从无到有的发展过程中创下的几个历史性纪录，就可了解他在中国天主教历史上的地位和作用。第一，1583 年他与罗明坚在肇庆建立了耶稣会在中国内地的第一座欧式教堂，此后他又先后在韶州（1590 年）、南昌（约 1596 年）和南京（1598 年）建堂，在北京创立了耶稣会"北京会院"（1605 年），并担任了第一任耶稣会中国传教区区会长（1597～1610 年）。第二，他尊重中国的习俗，从语言、衣着、饮食、交友以至拜见各级官员和名流时，都严守我国的礼俗，而且还向明神宗皇帝自称"大西洋陪臣"。他最先脱下"僧服"，以儒服儒冠代之（1594 年），并尽力避免与反教的官绅士民冲突，广交官绅士大夫朋友，借助他们的帮助和影响扩大天主教的活动范围。第三，他刻苦专研经籍，重视文字传教工作。利玛窦最先承认中国的四书中有合理的伦理思想，提倡"合儒"的传教路线，旁征博引中国经籍阐述天主教教理，完成了第一部中西思想兼容的名作《天学实义》（1596 年，后改为《天主实义》）。第四，他探索以奇引奇的学术传道政策，以西洋奇物赠人示人，引起人们对西洋教的好奇。他制作的第一幅世界地图《山海舆地全图》（1584 年），引起士大夫对西洋学问的向往和敬佩，进而乘机向他们传教。第五，他不看重信徒人数的增加，注重稳妥传教，并允许入教的信徒祭祖尊孔，不仅将普通百姓而且也把士大夫吸引到教会中来，从而提高了教会的声望，使教会有了富有影响的保护人。在天主教及其外来传教士遭到他人攻击时，士大夫的保护作用显得更加重要。因此，利玛窦允许信徒祭祖尊孔的确是明智之举。他率先实行的华服华俗、合儒传教和学术传教的做法，不仅对17、18世纪的许多耶稣会士，也对19世纪新教的传教士产生了实质性的影响。

利玛窦进京献贡物还有一段有趣的故事，读者也许可以从中受到一些启发。利玛窦所献贡品有天主像、天主圣母像和自鸣钟等。万历皇帝见到贡物一一过目，看到天主像和圣母像时忽然脱口而出"这是活佛"，即刻差人将天主像存入库内，又将天主圣母像送与皇太后。太后素来好佛，但见圣母像栩栩如生，内心也感到害怕，不敢留下，派人安放库中。万历皇帝因对利玛窦所献自鸣钟十分喜爱，遂令画师绘制利玛窦和庞迪我的画像。二人的画像完成之后，太监将画像展示给神宗皇帝。皇上见像上西洋人的胡须，便对太监说"这些人是回回"。太监赶忙跪下禀告说，"这两人吃猪肉"。一日，神宗皇帝突发奇想，想知道西洋的皇帝穿什么华贵的衣服，立刻派人向利玛窦询问。利玛窦从行李中找出一幅西洋画交给太监。画上画的是罗马教皇、欧洲的皇帝、皇后、主教、贵族和平民正屈膝向天主跪拜的形象。太监将画示与神宗皇帝，但皇帝嫌画上的人物太小，看不清服饰的式样，令宫中画师临摹一幅。在利玛窦和庞迪我的指点下，画像描摹完成，呈献与皇帝，万历十分满意。后来，万历皇帝又询问西洋宫殿的式样，太监从利玛窦处先得到一幅西班牙皇宫图，但却记不住宫殿的外国名字。于是利玛窦又找出一幅威尼斯统帅府图。神宗皇帝看到后，情不自禁地大笑说，西洋的国王把王宫建在水上，而且造得那么高，万不及北京宫殿之宽敞坚固。利玛窦居京10年，多次进宫检修自鸣钟，但却从未见过皇帝，只在御座前行过礼而已。

利玛窦在华28年，去世后赐葬于京城阜成门外二里沟。他的墓地几经修复，今天依然有一些教徒和外国旅游者前往参观。利玛窦共著有汉文著作19种，编入《明史·艺文志》的有6种，由《四库全书》收录或存目的有13种。他还将四书翻译成拉丁文，著有意大利文《基督教远征中国史》（即《利玛窦中国札记》）。利玛窦勤奋博学，谦逊、热情，温文尔雅，许多士大夫为之倾倒。明清之际，教外人有时干脆把天主教称为"利氏之教"，或"利氏学"，把其他外籍传教士称为"利氏之徒"。利玛窦影响之大，由此可见一斑。

《明史·意大里亚传》提到的耶稣会传教士还有西班牙人庞迪我，意大利人熊三拔（1575～1620年）、王丰肃（1566～1640年，后改名高一志）、龙华民（1556～1655年）、毕方济（1582～1649年）、艾儒略（1582～1649年），葡萄牙人阳玛诺（1574～1659年），瑞士人邓玉函（1576～1630年），德国人汤若望（1591～1666年）；各地方志和《康熙与罗马使节关系文书》及其他当时刊刻的书籍中提到的传教士，有郭居静（1560～1640年）、潘国光（1607～1671年）、利类思（1606～1682年）、安文思（1609～1677年）、南怀仁（1623～1688年）、殷铎泽（1625～1696年）、瞿纱微（1603～1651年）、阎当、铎罗、嘉乐、徐日升

（1645～1708 年）、冯秉正（1669～1748 年）、毕天祥、穆敬远、郎世宁（1688～1766 年）等。其中艾儒略在中国天主教史上被称为"西来孔子"；邓玉函是著名的科学家伽利略的好友，被称为最博学的来华传教士；龙华民在利玛窦之后继任耶稣会中国传教区区会长，在耶稣会内部首先挑起关于天主教信仰的至高之主汉文名词翻译的争论；卜弥格曾代表南明小朝廷去罗马请求教皇予以援助；张诚（1654～1707 年）和徐日升在康熙年间协助朝廷签订《中俄尼布楚条约》，深得皇帝赞扬；而铎罗、阎当则不懂中国文化，顽固坚持保守的神学立场，受到康熙皇帝的驳斥；穆敬远与康熙皇帝的第八子允禩（音 sì）和年羹尧之兄年希尧等有谋反嫌疑的人交往甚密，被雍正皇帝流放下狱。传教士因其学识、观点、个性、所属国籍、会别和来华的时机不同，决定了他们在中国天主教历史上的命运、地位和作用不尽相同。在上述提及的传教士中，耶稣会士汤若望和南怀仁对天主教在中国传播的影响，几乎与利玛窦齐名，被教内的后继者并称为对华传教的三大支柱。

汤若望，字道未，1619 年 7 月抵澳门，3 年后进入中国内地至西安传教。1630 年在明廷钦天监工作的邓玉函去世以后，经徐光启推荐，朝廷下令召汤若望和罗雅谷进"历局"工作。崇祯六年十月初七（1633 年 11 月 7 日），徐光启上疏，对汤若望等人在钦天监的功绩予以高度赞扬，称"远臣罗雅谷、汤若望等，撰译书表，制造仪器，算测交食躔（音 chán，义即天体的运行）度，讲教监局官生，数年呕心沥血，几于颖秃唇焦，功应首叙"。汤若望还为明廷制造了浑天仪、日晷、大小望远镜、罗盘和观象仪等，崇祯九年还铸造大炮 20 门。

清朝建立后，汤若望再度进入朝廷供职，担任了钦天监监正。同利玛窦一样，汤若望也坚信，在中国为教会赢得信徒最便捷的方法，是自上而下的传教方法。明朝末年，他曾经打算尽一切可能说服崇祯皇帝入教，但却始终连皇帝的面也没见到。1651 年未满 13 岁的顺治皇帝亲政以后，对汤若望礼遇有加，尊称他为"玛法"（满语称呼长辈用语），相见时免其跪拜之礼。顺治八年至十四年（1651～1657 年），汤若望在宫中影响极大，与皇帝的关系甚为密切，他可以出入内廷，甚至在顺治的寝宫中与皇帝彻夜长谈。皇帝经常不预先通知便亲临汤若望的馆舍，观看礼拜堂、书房和花园，就像到了朋友家一样。顺治还和汤若望一起探讨过天象、朝政问题。汤若望借机进言，宣讲天主十诫等教理，力劝皇帝放弃奢侈纵欲的生活。但年轻的顺治令汤若望大失所望，他不仅未作出改变，反而转向了佛教，并相信占卦说，甚至疏远了昔日的老友汤若望，与专门请入宫中的大和尚过从甚密。汤若望争取顺治入教的努力归于失败。

尽管如此，汤若望在钦天监的工作仍多次受到朝廷的嘉奖。1651 年 9 月 15 日，皇帝一日之内诰封汤若望 3 次，即从"通议大夫"、"太仆寺卿"升至"太常寺卿"，于是汤若望从正五品升为正三品官员。1653 年

4月2日，皇帝又赐予他"通玄教师"尊号（康熙朝改为"通微教师"），1657年"上授汤若望通政使司通政使，加二级，又加一级"，1658年又诰授汤若望光禄大夫，并恩赏汤若望祖先三代一品封典，荫其义孙入太学（汤若望曾过继其仆人之子为义孙）。对于上述赐封，许多天主教学者常常引以为荣，唯有已故著名史学家陈垣先生见解独到。他认为，上述诰封重在"赏功"，而不在"弘教"。顺治与汤若望虽友亲深厚，但顺治不把汤若望视为司铎（即神父），而视其为内廷行走之老臣，汤若望亦不敢以司铎自居。他还指出，汤若望既标榜不婚不宦，又何需义孙，何贵此诰封。而且这种荣典，凡庸俗官僚仕至若干等级者皆可得之，以此为荣，失教会之尊严。但是在崇祯和顺治年间，汤若望在朝廷的影响和地位，还是提高了天主教在士大夫阶层和社会上的声望，对保护各地的传教士，促进天主教的传播产生了很大的影响。

南怀仁，字敦伯，比利时人。1641年18岁时加入耶稣会，立志赴南美洲传教，尝试两次均遭失败。顺治末年随返欧的卫匡国一起来华至澳门，次年往西安传教。两年后应召入钦天监工作，1688年去世。正如汤若望与顺治的友情一样，康熙皇帝与南怀仁之间的君臣佳话也广为流传。康熙在20~30岁期间，喜好西学，令南怀仁、徐日升和假闵明我为自己轮流讲解。南怀仁主讲天文仪器、数学仪器和几何学、静力学。他还奉命为皇帝建造御园，要运大石柱子通过卢沟桥，当时桥刚刚重新修好，石柱子又重10万斤，众人担心把桥压坏而束手无策。南怀仁利用西洋滑车牵引，毫不费力就把大石料运送过去，康熙对此非常赞赏。1680年，南怀仁奉旨造炮，次年炮造好后，康熙皇帝率领王公及大臣数人亲至试验现场观看试炮。试炮成功，皇帝大喜，立刻将自己身上的披袍卸下披在南怀仁身上，以示嘉奖。

据南怀仁自述，康熙二十一年皇帝到辽东巡幸，指定要他陪同。南怀仁所需仪器由10匹马驮运，夜晚他的帐篷紧靠着皇帝的帐篷。他总是随侍左右，有问必答。一个月色皎洁的夜晚，康熙坐在河畔，令南怀仁与两位贵族和"大阁老"同坐。皇帝命他说出夜空中主要星座的中西文名称。皇帝先说出他已学会的星座名称，然后拿出南怀仁几年前为他准备的一个天体星辰图，并以星辰的位置来判定时刻，为在众臣面前显示了他的天文知识而颇为得意。

同汤若望一样，南怀仁也渴望能说服皇帝入教，但他与康熙的接触主要局限于科学知识的交流，仅在一些非宗教性的著作中如《御览西学要纪》一书中对天主教略有介绍。南怀仁在临终遗折中对自己在朝廷的服务作了简短描述，并对皇帝的知遇之恩和重赏诰封深表感激。他上奏说："臣怀仁，远西鄙儒。……因臣粗知象纬，于顺治年间，伏遇祖章皇帝召臣来京，豢养多年。蒙皇上命臣治理历法，未效涓埃，过荷殊思，加臣太常侍卿，又加通政使司通政使，臣具疏控辞，未蒙俞允。又加臣工部右侍郎。叨兹异数，至隆极渥。……臣扪心自揣，三十年来，并无尺寸微劳，仰报皇恩于万一。"南怀仁病重期间，皇帝多次派太医诊治。他死后，皇帝又特赐银赐缎安葬，还派国舅佟国纲等大员送至墓地。一年后又赐谥（音 shì）号"勤敏"，使他成为来华传教士中唯一得蒙赐谥的人。

正是由于南怀仁等传教士在朝廷的服务，使康熙对传教士产生了极大的好感，他不仅为汤若望恢复了名誉，而且还于康熙九年下令释放了拘押的传教士，令其返回本堂。康熙三十一年，他又正式批准"……将各处天主教堂俱照旧存留，凡进香供奉之人，仍许照常行走，不必禁止"。这就是通常所说的著名的"康熙保教令"。至此清廷对天主教的宽容达到了顶峰。

虽然利玛窦、汤若望和南怀仁以其智慧和学识赢得了士大夫和皇帝的赞赏，而且他们的声望和影响也为包括多明我会和方济各会成员在内的罗马天主教传教士在华居留带来了便利。但存在的悖论是，为了达到能够传教的目的，他们将大量时间和精力用于传播西方的科技知识；然而，他们用于传播西方科技知识的时间愈多，贡献愈大，士大夫和朝廷对他们在这方面的要求就愈高，结果他们用于传教的时间就愈少。利玛窦、汤若望和南怀仁都曾经向朋友抱怨，由于忙于俗务，有时自己连做弥撒或念玫瑰经的时间都没有。这种本末倒置的状况简直令他们无可奈何，而且还引起其他传教士尤其是多明我会和方济各会传教士的指控。他们谴责汤若望、南怀仁等耶稣会士对中国祭祖尊孔的习俗过于迁就，指责他们生活奢侈，出门有马车、轿子和随从，而且不向穷人传教，控告汤若望在钦天监的工作充满低俗的迷信，为"除吃、喝和犯罪（指皇帝临幸嫔妃）以外的每一件事情择定日子和时辰"。他们批评耶稣会士完全以人为的手段传教，不允许其他修会的人进入他们的区域，害怕"异教徒"（指中国人）看到那些清贫谦卑顺服的僧侣之后会起来反对他们。上述批评，一方面是由于多明我会和方济各会与耶稣会的传教策略不同造成的；另一方面是由于他们对耶稣会士在华的地位和影响的妒忌造成的。汤若望曾经对 1637 年来京的两位方济各会士作过如下描述：两位圣方济各会的神父来到京城，决心让皇帝和所有的中国人信教，就是殉教也在所不辞。可这两人连汉语都不会说，而且还穿着他们的会服。两人手持十字苦像就在大街上开始讲道了。可是当朝廷的官兵出现时，他们却不想殉道了，毫不抵抗地交出了十字苦像，双手被捆绑起来后，才勉强喊出"老爷，老爷"，接着用西班牙语说，死在床上总比这样做殉道士要好。

　　传教士之间的矛盾和相互指控一直持续到 18 世纪中叶，这种内耗自然而然地败坏了他们的声誉，削弱了他们的工作。另外，到康熙末年，在华的传教士在学识上已经大不如前，许多传教士不通汉文，不勤奋学习，多在无知百姓中从事传教工作，有的甚至令官府怀疑他们是类似于白莲教的秘密团体，传教士的地位和处境因而每况愈下。

罗马天主教的初步发展

（1）明清之际，欧洲罗马天主教会来华的传教士人数众多，传播地区广，因而天主教在中国有了长足的发展。

第一，从地理范围看，到明朝末年，罗马天主教已传入除云南和贵州以外的 13 个省份。到康熙四十年（1701 年），天主教已传至直隶、山东、山西、陕西、河南、湖广、江南、江西、浙江、福建、广东和广西。在上述省份内，北京、南京、上海、杭州、济南、南昌、福州、漳州和澳门等地，已经成为罗马天主教的主要基地和发展比较成功的地方。

第二，从各修会建设的住院和教堂数目看，教会的发展已相当可观。据徐宗泽著《中国天主教传教史概论》载，康熙四十年时，中国已有耶稣会住院 70 所，教堂 214 座；有方济各会的住院 22 所，教堂 24 座；有多明我会的住院 8 所，教堂 6 座；有无会籍教士的住院 11 所，教堂 7 座；奥斯定会有住院 7 所，教堂 4 座。各会共计有住院 118 所，教堂 255 座。

第三，从教会的信仰和信条考察，可以发现，明清之际天主教教义教规的介绍是较为全面的。明清之际的天主教传教士在中国著译了大量宗教类的著作，其中不少是与中国信徒共同完成的。当时已刻印和已翻译而未刻印的宗教类书籍，可分为圣经、圣经部分经卷和注解、天主教概论、基本教理、灵修要道、人物传记、圣事礼典、各种经文、规条、天主教史、护教论、神学、伦理学和哲学等类别。这说明罗马天主教的基本信仰内容、传统和制度已经传入我国。从徐宗泽编著的《明清间耶稣会士译著提要》中可以看出，当时已有圣经的部分经卷要略刻印刊行。介绍天主创世、"天主十诫"、"真福八端"和耶稣生平等基本教义和教理的著作已有好几种版本。教会生活通用的通功经、玫瑰经、弥撒经和各种日课均已翻译成汉文刊刻流行。

第四，从教区划分和教会管理体制看，从 1577 年起，建立在中国内地的天主教会一直隶属于澳门主教，而澳门主教又归印度果阿总主教领导。由于葡萄牙政府享有远东传教"保教权"，所以澳门主教和果阿总主教必须由葡萄牙当局推荐的葡萄牙人担任。为摆脱葡萄牙当局和"保教权"的限制，罗马教皇亚历山大七世于 1657 年特设宗座代牧管理中国教务。当时任命的 3 位宗座代牧均为法国人，他们只有主教衔，而没有主教区，但仍然受到葡萄牙政府的反对。1690 年 4 月，教皇亚历山大八世设立北京和南京两个主教区，主教人选仍由葡萄牙政府推荐。于是中国形成澳门、北京和南京 3 个主教区，它们都受果阿总主教的管辖。1693 年，罗马教廷将上述 3 个主教区改为 8 个宗座代牧区，只保留澳门 1 个主教区。

这段时期至清朝中叶，出任过宗座代牧和主教的有法国巴黎外方传教会的陆方济、意大利方济各会的伊大任、法国巴黎外方传教会的阎当、中国籍多明我会的罗文藻（1617～1691年）、法国遣使会穆天尺等人，他们均由教皇任命。在天主教的教阶制度里，主教以下是神父。根据《中国天主教传教史概论》的记述，1581～1712年，耶稣会来华传教士249人、多明我会48人、方济各会56人、奥斯定会17人、无会籍者30人，总计400人。他们大多是神父，只有一小部分人是修士。由此可见，天主教的发展已初具规模。

第五，从教会生活看，中国各地的教堂一般由神父主持，那时男女信徒分别在不同教堂望弥撒。当时中国只有主教、神父和修士，没有修女。中国的女信徒一般是由家族里的男性亲属引领入教的。明朝末年，紫禁城皇宫内有40～50名女信徒，南明小朝廷内也有皇帝的数位女眷受洗入教。中国信徒的宗教生活形式已经与现在的宗教生活大致相同。信徒入教要取教名，要接受洗礼，平时要背诵规定的经文，星期天要去教堂望弥撒等等，总之，教会规定的7件圣事都要履行。在入教的中国信徒中，明朝末年入教的士大夫较清朝初年要多。不过，中国教徒大多数是普通百姓，他们来自各行各业，有推水的，种菜的，描金的，卖糕的，刻印的，挑脚的，看园的，剃头的，补网的，种地的，还有画童、木匠、厨子和孤儿等等。一般来说，成年后入教的信徒的信仰，比一生下来就接受洗礼的信徒的信仰要坚定和牢固。尽管清廷禁止满族旗人入教，但宗室中也有奉教的，到嘉庆年间发现旗人进教的教案已有多起。从教内外的有关文献看，教徒大多热诚奉教，安分守法。

第六，在中国各地传教和主持教堂的教士，以西方教士为主，中国教士为辅，中国教士的数量十分有限。外国传教士来华以后，在相当长的时间里，以中国修士的拉丁语和神学训练功夫不深等理由，拒绝任命中国修士为神父。尽管耶稣会最先在中国内地开教，但首先任命中国人为神父的却是西班牙多明我会。接受任命的是福建省福安人罗文藻。罗文藻16岁入教，顺治十一年（1654年）被任命为神父，1674年由罗马教廷任命为主教。但是，由于多明我会菲律宾传教省会长嘉德郎的百般阻挠和激烈反对，多明我会一直拒绝为罗文藻举行祝圣仪式。11年后（1685年）罗文藻才由意大利方济各会主教伊大任祝圣为第一个中国籍主教。而且罗文藻也是从利玛窦1582年来华至1925年近350年的历史中唯一的一位中国籍主教。直至康熙十年（1671年），耶稣会才任命了第一位中国籍神父郑惟信，此时距利玛窦入华已90年。郑惟信是广东人，教名为玛诺，曾经赴罗马进修神学，1671年回北京传教，两年后去世。他是担任神父的第二位中国人。

根据费赖之著《在华耶稣会士列传》载，1552～1779年（乾隆四十四年）在华传教的耶稣会士共463人，其中中国籍的会士71人。在这71位加入耶稣会的中国人当中，担任神父的41人，其中的著名人物是画家吴历。罗马天主教会在中国发展但又不重用中国人的做法，一直延续到20世纪。它反映了西方天主教会和传教士对中国教士的偏见，是罗马天主教最终未能继续与中国文化交流的重要例证之一。不过，少数几位中国籍的耶稣会修士如钟鸣仁、钟礼仁兄弟，黄明沙和游文辉等人在明朝末年天主教来华初期，一直伴随着利玛窦，是中国天主教开创工作的好助手。

第七，从中国教徒数目的增长分析，可以看出天主教在中国的进展呈先缓后疾之势。据德礼贤著《中国天主教传教史》记述的教会内部统计，1583 年入教的中国天主教徒只有 1 人；1596 年（利玛窦担任耶稣会中国天主教区区会长的前一年）为 100 余人；1610 年（利玛窦同年去世）为 2500 人；1636 年为 38200 人；1650 年（同年顺治亲政，汤若望在北京建南堂）为 15 万人；1670 年为 273780 人（不包括在台湾和澳门的 15000 余名信徒）；1700 年为 30 万人。

（2）迄今为止，在中国天主教的发展史上，明朝末年士大夫天主教徒对天主教的积极保护和影响几乎是空前绝后的，他们对天主教在中国发展的贡献比中国教士的作用要大得多。明朝末年入教的士大夫和官员有徐光启、李之藻、杨廷筠、瞿太素、瞿式耜（音 sì）、瞿式穀（音 gǔ）、李应试、王征、孙元化、陈于阶、韩霖、张赓、李九标、段衮、段袭、段扆（音 yǐ）、焦琏、庞天寿和郑芝龙等人。清初至清朝中叶有李祖白、朱宗元、张星曜（音 yào）、吴历、王翬（音 huī）、刘蕴德、王宏翰、郭廷裳和勒什亨、乌尔陈等人。其中徐光启、李之藻、杨廷筠和瞿太素都是利玛窦的生前好友，在保教护教和传教方面都起过较大的作用。

徐光启、李之藻和杨廷筠通常被教会称为中国天主教的"三大柱石"。徐光启（1562～1633年），字子先，上海县人。万历九年（1581年）中金山卫秀才；万历二十五年举顺天乡试第一；万历三十二年登进士榜，曾任翰林院检讨、礼部侍郎、礼部尚书兼东阁大学士。1603年在南京从罗如望领洗，时年52岁，教名保禄，故在教会内人称徐保禄。李之藻（1565～1630年），字振之、我存，杭州仁和人。万历二十二年中举；万历二十六年中进士第五名，曾任南京工部员外郎、南京太仆寺少卿、监军光禄寺少卿兼管工部都水清吏司郎中事等职。万历三十八年在北京从利玛窦领洗，教名良，时年46岁。杨廷筠（1557～1627年），字中坚，万历七年中举，万历二十年登进士榜，担任过江西按察御史、湖广道御史和顺天府丞等职。万历三十九年从郭居静在杭州领洗，教名弥额尔，时年55岁。他们3人均为饱学之士，生前即为好友，又与利玛窦、郭居静、艾儒略、龙华民等耶稣会士过从甚密，对他们的品行学问深表敬佩。而利玛窦也对徐、李二人大加赞扬。据杨廷筠在《同文算指序》记载：杨廷筠曾经在北京拜访过利玛窦，与他一起数日交谈名理（即逻辑），谈得非常投机，建立了兄弟般的情谊。但是当他们提到几何学等方面的知识时，杨廷筠却不能理解。利玛窦十分感叹地说，自从他来到中国，所见聪明通达之人唯有李振之和徐子先两位先生。对于天主教，他们3人未信时，不轻信，既信教，便坚信，并尽力译书著书刻书，输入西方学术，弘扬教理，维护教会。他们都曾经先后邀请西方教士到家乡传教，并劝说自己的亲友信教，而且还为传教士捐款捐地，修屋建堂，建公墓。在南京礼部侍郎沈漼上疏反对天主教事件期间，他们全力保教，不仅容留传教士匿居上海、杭州家中，而且徐光启还上《辨学章疏》为教会及教士辩护。1629 年，经徐光启推荐，龙华民、邓玉函、汤若望和罗雅各先后进入钦天监参与历局工作。他们还参加过传教士在嘉定召开的关于"上帝"和"天主"译名的讨论会，就传教方法提出许多建设性的意见，也协助传教士译著宗教和科学著作，为其润色作序。徐光启完成的译著有 10 余种，其中护教类作品有《辨学章疏》，哲学类有《灵言蠡勺》。杨廷筠原本好佛，改信天主教后多次受到杭州和尚们的谴责，《辟邪集》所收行元和尚的《非杨篇》就是专为攻击杨廷筠而作的。根据丁志麟所作《杨淇园超性事迹》记载，有人评论说，杨廷筠"生平行事，无一不善，独有一不善处，是从圣教"。杨廷筠对此说法回敬道："某生平行事，无有一善，乃独有一善处，是从圣教。"由此可见，杨廷筠改教是需要很大勇气的。同徐光启相比，杨廷筠撰写的释教护教著作较多，有《鸮鸾（音 xiāoluán）不并鸣说》、《圣水纪言》、《代疑编》、《天释辨明》、《代疑续编》、《西学十诫注解》等等。这里所列举的前 4 部著作均收入徐宗泽编著的《明清之际耶稣会士著作提要》一书，《代疑编》在明清时期流传最广。杨廷筠还曾经为艾儒略编著的《职方外纪》润色，这是他参与著作的唯一的一部科学类作品。此外，他还为一些宗教和科学方面的著作撰写过"序"或

"跋"，比如《七克序》、《涤罪正规小引》、《西凡学序》和《同文算指通编序》。他还献出大方井祖坟作为教士的墓地，中外籍耶稣会士钟鸣仁、罗如望、郭居静、金尼阁、阳玛诺、卫匡国、庞类思、伏若望、洪度贞、殷铎泽、徐日升、黎宁石、法安多和艾奥定等人都先后安葬在那里。

在"三大柱石"中，李之藻是最博学的一位，天文、地理、军事、水利、数学、理化、哲学和宗教，无不涉猎、一生著述颇丰。李之藻对中国天主教的最大贡献，在于编刻了第一套天主教丛书《天学初函》。他在《刻天学初函题辞》中说，这套丛书收录的都是已经刻印过的书，分为"理"、"器"二编，每编各 10 种，公诸于各位同道，以便大家对它们略知一二。这里的"理"编，指宗教类书籍，"器"编指科学类书籍。《天学初函》丛书共收《西凡学》1 卷，《天主实义》2 卷，《辩学遗牍》1 卷，《畸人十篇》2 卷，《七克》7 卷，《灵言蠡勺》2 卷，《二十五言》1 卷，《交友论》7 卷，《职方外纪》5 卷，《泰西水法》6 卷，《浑盖通宪图说》2 卷，《几何原本》6 卷，《表度说》1 卷，《天问略》1 卷，《简平仪说》1 卷，《同文算指》8 卷，《测量法义》1 卷，《圜容较义》1 卷，《勾股义》1 卷，《测量异同》1 卷。

此外还有必要提一下瞿太素（1549 ~ ？ 年），是利玛窦最早结识的名士之一，也是多年好友，对利玛窦帮助极大。利玛窦著《利玛窦中国札记》、艾儒略著《大西西泰利先生行迹》、徐宗泽著《中国天主教传教史概论》和方豪著《中国天主教人物传》等著作都专门论述或提到过他，可见中国天主教史应有他的一席之地。瞿太素是江苏常熟人，其父为礼部尚书。早在万历十七年（1589 年）利玛窦还在肇庆时，瞿太素就与他相识。不久即拜他为师，学习天算。当时利玛窦仍着僧服，以西僧自称。瞿太素劝告利玛窦说，以僧服僧名，易引起国人误会，而且国人素来轻视和尚。于是，利玛窦于 1594 年底改换儒服儒名。《利玛窦中国札记》一书记载：所有的神父和天主教在中国的事业都大大受惠于此人，因为在广东和江西所取得的成就，大部分都是由于他的合作而取得的。全靠了他的努力，南京的会院才得以建立，而且也主要是靠他的关切，神父们才得以第 2 次（1600 年）从水路前往北京城。尽管瞿太素对天主教的道理早有认识，但直到 1610 年利玛窦去世以后，他才接受洗礼。迄今为止，除他为利玛窦的《交友论》作的"序"以外，未发现他的关于天主教的著作。不过，他为传教士引见缙绅，疏通关系，从而使他们以适合中国国情和习俗的妥当的方式在中国立足，这样做本身对天主教在明末传播的贡献和影响已是相当大了。

在中国的女信徒中，较为著名的是徐光启的曾外孙许瓒（音 zàn）曾的母亲甘弟大（1607～1680 年）。耶稣会士柏应理用拉丁文撰写的《一位中国奉教夫人许甘弟大传》在欧洲广为流传，而使她驰名西方。甘弟大（教名）自幼信教，16 岁嫁给松江许远度，婚后10 余年举家信教。她在江南捐钱兴建教堂 30 余座，刊行经典无数。侨居汉口期间，她曾经邀请传教士穆迪我至鄂传教，并在武昌兴建新堂，发展信徒 2000 余人。康熙初年，杨光先反对天主教，上疏参劾汤若望，各省传教士一时陷于穷困危险的境地。甘弟大委托耶稣会士潘国光予以接济，受惠者 25 人，人均得银 200 两。她死后，耶稣会总会长下令全球的耶稣会士为她举行弥撒，表示感激和怀念。然而，有意思的是，甘弟大的儿子许瓒曾虽自幼接受洗礼，他母亲在世时也热心奉教，但后来在四川任职期间却为重建的一座将军祠和城隍庙撰写祭文，并纳有一妾，完全背离了天主教不得从事"迷信"活动、不得纳妾的教规。

综上所述，罗马天主教在明末清初的确有了很大的发展，其原因部分地在于统治当局的容留；部分地在于一些西方教士能积极地探索天主教在中国适当发展的方法，尊重和吸收儒学，与许多士大夫缙绅为友，注重利用科学传教和文字传教；还在于部分士大夫受西方科学知识和"合儒"策略所吸引，从而对一些传教士推崇备至，进而奉教护教，并调和天儒的关系，结果抬高了天主教的地位；加之教士教徒大多安分守法，维护信仰，保证了天主教得以盛行一时。

但是，到康熙朝后期，来华的传教士中像利玛窦、艾儒略那样精通儒学并深受士大夫欢迎的人已寥寥无几。即使是在朝廷服务多年的南怀仁的儒学功夫也远不如利、艾两位，士大夫入教者更是屈指可数，文字传教大不如前，教徒的社会地位今非昔比，教士的存在完全依赖于皇帝的好恶和需要，加之传教士因"礼仪之争"分为两派，互相攻讦，败坏了自己的名声，削弱了自己的力量。而且教廷使节竟然奉教皇之命在礼仪之争中与中国的最高统治者和中国千百年来的文化和习俗相对抗，以教权教法处置中国信徒，最终导致传教士成为不受欢迎的人。此外，至康熙末年，天主教在华已100余年，虽然自幼入教者增多，但是成年后背离信仰的人不少；神职人员多为外国传教士，中国信徒不受重用；教会教规和经济来源不为教外人尤其是各地官员了解，往往引起官绅和百姓的误解和政府的怀疑。加之当时境内有白莲教等秘密团体的活动，西方殖民政府葡萄牙、西班牙、荷兰先后占领了中国内地以外的澳门、台湾和菲律宾等地，使清朝统治者对包括传教士在内的外国势力的疑惧加剧，也是导致雍乾嘉道4朝禁教的原因。

明清之际传入中国的完全是中世纪天主教的神学和教义。由于时代的局限，有的迷信思想尤其是和占星学相关的内容也被不自觉地传播进来。汤若望曾经依据中世纪的科学和神学，为清朝历书中吉凶时辰的确定、吉日的选择和他在钦天监的工作做论证。《利玛窦中国札记》中也多处提到用圣水治病的例子，利玛窦本人还为朋友瞿太素的夫人秘祷求子，这些做法都是不科学的。

清朝真正禁教始于雍正皇帝。雍正二年（1724年）二月十一日，雍正皇帝发布禁教令，通令各省封闭教堂，奉教国人须放弃信仰，违者处死，各省的西方教士限半年内离境前往澳门。雍正五年雍正下谕：

"中国有中国之教，西洋有西洋之教，西洋之教不必行于中国，亦如中国之教岂能行于西洋？"雍正十年，中国官员勒令西方教士离境前往澳门。当年全国境内有信徒 30 万人、教堂 300 座，但大多数已被没收，挪作他用。乾隆二年（1737 年），朝廷下令传教士只许供奉朝廷，不得传教。乾隆二十九年，西班牙多明我会的桑主教（Petrus Sanz）和其他 4 名教士在福建福安被处死。乾隆下密诏，令各省搜捕传教士和教徒，各省发生禁教事件多起。

尽管清廷一再禁教，各省仍有外国传教士无视清朝法令潜入内地，同中国教士一起秘密从事传教活动。比如说，奥地利籍耶稣会主教南怀仁（其中文名字同康熙初年的南怀仁）于乾隆二十五年抵达南京，在上海一带潜伏传教 27 年，而且还曾去苏州为 4 位中国神父秘密举行祝圣礼。在四川，法国巴黎外方传教会的活动自康熙三十五年起一直没有中断。他们主要在极其贫困的人们中间从事传教活动，一段时期内还设立了一所修院培训神职人员，并且把活动扩展到邻近的云南和贵州两省。外籍传教士的活动无疑是违法的，但是在禁教的压力下，四川省接受洗礼的信徒和中国神父的数量却持续上升，根据英国出版的《未完成的对话》载，乾隆二十一年（1756 年），四川领洗的信徒为 4000 人；乾隆五十七年，已有 25000 人；嘉庆六年（1801 年）达到 40000 人；嘉庆九年增至 45000 人；到嘉庆二十年，接受洗礼的信徒已达 60000 人。乾隆二十一年中国籍神甫只有 2 人，乾隆四十三年为 9 人，乾隆五十四年增至 14 人；嘉庆五年（1800 年）已有 16 人，嘉庆九年达到 20 人。这一现象的确引人深思。尽管清朝中叶雍乾嘉道 4 朝都严厉禁教，然而到嘉庆五年时中国天主教徒的人数仍然多达 20 万人。

 罗马天主教与中国文化的交流与冲突

明末传入中国的罗马天主教，基本上代表着欧洲中世纪的文化与神学，但是生长在西班牙和葡萄牙两国以外的一些天主教来华传教士也受到风行于欧洲的文艺复兴和人文主义思潮的影响，并接受过自然科学的训练，他们在与中国文化和习俗接触的过程中，能以较为开放的眼光和容纳的精神与之交流和协调，而不是完全站在对立的立场上将中国文化和习俗视为"邪教"，一味地予以排斥。当然，无论如何，罗马天主教与中国文化基本上是不同的，二者之间的冲突最终是不可避免的。传教士以自己的行动接触和结识中国各阶层人民，从而形成了中国人对他们的印象和看法。他们用自己的译著宣扬其教义教理和思想主张，从而构造了中国人关于天主教的观念，激起了他们不同的反应。因此，罗马天主教与中国文化的交流与冲突，表现在行为和文字两个层面，而且参与这场交流与冲突的既有罗马教皇和中国皇帝，也有入教和未入教的中国士大夫和来华传教士，还有远在欧洲大陆的学者以及中国本土的佛家僧人和平民百姓，其波及范围之广在中西文化交流史上也是少有的。这场对话与冲突旷日持久，微妙复杂，影响深远，以至于今天依然是中外许多学者讨论的话题。

（1）积极的交流与适应。从行为方式层面说，明末清初罗马天主教与中国文化和习俗的交流，从罗明坚于明万历八年（1580年）至万历十年3次到广州暂居即已开始。先来的传教士们似乎意识到，若要让中国人接受他们的宗教，必须以中国人可以接受的行为方式生活于其间。当年罗明坚彬彬有礼，因而博得两广总督陈文峰的好感，万历十一年，罗与巴范济应陈文峰之邀至广东省府肇庆，并在天宁寺小住。或许他们透过教会在欧洲的地位来设想佛教僧人在中国也必定会受人尊重，于是2人均剃发去须扮做僧人，以便中国人一看便知他们是宗教职业人员，而非来华贸易的外国商人或入贡的使臣。他们做僧人打扮这一做法本身，就是在有意识地与中国文化寻求契合点。同年9月，罗明坚与利玛窦来到肇庆，拜见知府王泮（音pàn）时说明自己"是僧人，事奉天帝，来自天竺国，航海四年，向慕中国政治昌明，愿得一块清净土地，建屋造堂，不问澳门商务，终生事奉天帝。彼等自有劝募之钱，丝毫不会麻烦府台，敢请府台允如所请，彼等将终生感恩戴德"。这样，他们既陈清了自己的身份，也表达了仰慕中国之情。于是同所期待的一样，他们获准在肇庆立足建堂，顺利地开始了与中国人及其文化和习俗相交的第一步。不久，2人的房屋建成，知府王泮派人送来两块匾：一块上书"仙花寺"，悬挂于门首；另一块上题"西来净土"，悬挂于中堂。城中其他士绅也竞相送匾送香，说明罗、利二人是受欢迎的，已被初步接纳。

利玛窦和罗明坚行动的第二步，是吸引中国人与自己接近。他们将带来的西洋奇器如自鸣钟、西洋镜、油画圣母像、意大利花边织物、玻璃三棱镜、日晷和一幅舆图展示出来，结果附近居民成群结队齐来参观。在展览的物品中，舆图引起了人们极大的兴趣，因为它与中国以往的"华夷图"和"天下总图"不同，中国不仅不在世界的中央，而且除中国外还有许多大国。利玛窦对那些好奇的观众讲解自己是在何处出生，由何处起身，经过哪些国家而后到达中国的过程，结果有的人将信将疑。于是利玛窦接受别人的建议，请一位中国朋友帮忙绘制了一幅较原图更大的《山海舆地全图》。为了博取中国人的欢心，他特地按照中国人当时的认识把中国置于地图的中央。该图于万历十二年（1584 年）十月刻印后，竟然不胫而走，被多次翻刻，受到许多缙绅士大夫的赞赏，利玛窦的名字也随之远扬。

此后，为了使士大夫对传教士和他们所传入的东西保持长久的兴趣，显示西洋学问不仅比中国文化略高一筹，而且也为中国所急需，利玛窦和他的伙伴们著译了许多论述中西伦理和西方科学的著作，用西方知识博取士大夫的敬重。于是，文人士子竞相登门拜访求教。福建的陈仪在为艾儒略的《性学觕（音 cū）述》所作的"序"中提到利玛窦时说，当时的文人士绅都交口称赞他的学说，登门拜访，与他交朋友，对他推崇备至，社会名流都为他倾倒。朱鼎瀚为《利氏西国记法》作的"序"也说，"今天下无不知有西泰利先生矣"。

利玛窦等人与中国人交往的另一做法，是放弃"番僧"装束，改换儒服儒冠，走出院门，广交朋友。利玛窦每到一地都要造访当地缙绅士大夫，并向他们馈赠新奇的西洋礼品，以便赢得他们的好感，给予特殊的便利，为最终定居北京从事传教活动开辟道路。在肇庆，他将自鸣钟送与已升任冷西道的王泮；在韶州，他曾拜见兵备道徐大任；在南昌，他结交了江西巡抚陆万垓（音 gāi）、建安王朱多㸺（音 jiē）和乐安王朱多㷂。他将新著《交友论》一书并世界地图一幅赠予建安王，制作了钟表和地球仪分送建安王和陆万垓，而且还为陆巡抚之子完成了著名的《西国记法》一书。他拜访了瞿太素的朋友白鹿书院院长章本清，并请他修改自己的新作《天学实义》。他还拜访了南京礼部尚书王忠铭，并获准随之初次北上进京。利玛窦交往的文人士大夫不胜枚举，据天主教学者方豪考证，接受过利玛窦、毕方济、汤若望、索德超、郭文惠等传教士馈赠礼物的还有王肯堂、程大约、张景运、汪怡堂、冯时可、黄宗羲等人。而以诗词馈赠传教士或为传教士的著作题词作序作跋的文人士大夫则难以计数。方豪和徐宗泽曾经提到，为传教士作诗、作序和作跋的人有徐光启、李之藻、瞿太素、冯应京、王徵、杨廷筠、陈仪、曹于汴、周子愚、李天经、李九标、佟国器、李嗣玄、李贽、李日华、池显方、何乔远、阮大铖（音 zhēn）、郑芝龙、王铎、黄景坊、韩霖（音 tǎn）、林文英等等。他们所作的诗词、序或跋的内容往往免不了要把传教士的人品、学问和作品夸赞一番。李日华在《紫桃轩杂缀》中提到利玛窦时说："大西国在中国西。世庙末年，国人利玛窦航海入广东，居广二十余年，尽通中国文字。玛窦紫髯碧眼，面色如桃花，见有膜拜如礼；人亦爱之，信其为善人也。余丁酉秋遇之豫章，与剧谈，出示国中异物。玛窦年已五十余岁，如二三十岁人，盖远夷之得道者。汗漫至此，已不复作归计。余赠之诗云：浮云常如寄，幽栖即是家。彼真以天地为阶闼（音 tà），死生为梦幻者。较之达摩流沙之来，抑又奇矣。"大意是说，利玛窦来自中国以西的一个大国，万历初年航海来到中国的广东，并在那里生活了 20 多年，已经精通中国语文。他面色红润，黑发碧眼，见人总是彬彬有礼，所以人们也尊敬喜欢他，觉得他是个为善之人。万历二十五年，李日华与利玛窦相识，两人交谈中间，利玛窦拿出意大利的物品让李日华欣赏。当年利玛窦已 50 多岁，但看上去却像是 30 岁的人。他是一个修得真道的意大利人，经历了漫长的旅途来到中国，已不打算回去了。李日华赠他诗一首说，他以天上的云彩作为思乡的寄托，把居住的地方当做自己的家。他真是一位看破红尘，以四海为家的人。比起印度的佛教僧人达摩的来华之行，他的到来更是一件奇事。理学名士、东林党人邹元标在致利玛窦的书信中，对传教士郭居静等人和天主教也大加赞赏，称"得接郭仰老，已出望外，又得门下手教，真不音之海岛而见异人也。门下二三兄弟，欲以天主学行中国，此其意良厚。仆尝窥其奥，与吾国圣人语不异"。大意是说，能够结识郭居静已感到喜出望外，而得到郭居静亲自教诲，这件事真是可以和见到了海岛上的奇人相媲美。他的两三个门徒打算在中国传播天主教，这确实是一个好主意。我曾经探讨过天主教的奥妙，觉得它和我国的圣人所讲的道理没有什么差别。关于明末传教士与士大夫的交往，《明史·意大里亚传》也有记载："某国人东来者，大都聪明特达之士，意专行教，不求禄利。其所著书，多华人所未道，故一时好异者咸尚之。……公卿以下重其人，咸与晋接。"另外，在法国巴黎国家图书馆保存着一本《熙朝崇正集》抄本，副题为"闽中诸公赠泰西诸先生初集"，赠诗人共计 69 位，多是明末在学术和政治上享有一定地位但又未入教的文人士大夫，而且诗词几乎都是赠给艾儒略一人的，其中担任过相国的叶向高称艾儒略"著书多格言，结交多名士"。由此可知，明末传教士广交名人士子的做法是十分成功的，其言行和学问受到欢迎和敬重是毋庸置疑的。显而易见，传教士和士大夫之间相互尊重和友好的关系，构成了那一时期罗马天主教与中国文化和习俗交流的基础。

罗马天主教与中国文化和习俗的实质性交流，主要表现在以利玛窦为代表的一些传教士站在天主教的立场上，积极从中国儒家古代经典中寻找他们认为与天主教教义一致或相似的观念，并将天主教教义与中国文化结合起来。在他们的影响下，部分入教的文人士大夫也站在中国文化的立场上，对天主教教理进行思考，提出天主教可以"补儒易佛"的主张。

在与士大夫交往和认识中国社会的过程中，利玛窦等人发现，中国文人并无宗教组织，只是些知书明理的上层人物而已。儒家思想深入人心，在社会中根深蒂固，牢不可破，取而代之更是妄想。修身、齐家、治国的思想和原则都出自儒家。于是，他们对中国传统文化采取了"迎儒排佛"的做法，并引证儒家经典来阐明天主教要道。利玛窦的《天主实义》就是这方面的一个典型例子。

《天主实义》是明清之际最重要的阐述天主教要道的汉文著作之一，完成于明万历二十四年（1596 年），万历三十一年初版，此后多次再版。该书采用的是中士与西士的问答体裁，全书分上下两卷，共计八篇。第一篇论说天地万物有一位主宰；第二篇辩斥佛教道教的空无之说和宋儒太极之论均为虚理；第三篇论人的灵魂不死；第四篇辨明天主不能与万物合为一体；第五篇斥六道轮回戒杀之错谬；第六篇解释意不可灭，并论死后必有天堂地狱赏罚；第七篇论人性本善，并述天主教人正学；第八篇总论泰西俗尚和传教士不婚不娶及天主降生西方的原因。该书旁征博引，论说他们所说的"天主"与古书中所说的"上帝"和"天"是同一个概念，它在天地万物中是至高的。例如上卷第二篇："西士曰：虽然天地为尊之说，未易解也。夫至尊无两，惟一焉而，曰天曰地，是二之也。……吾天主乃古经书所称上帝也。中庸引孔子曰：'郊社之礼，所以事上帝也。'朱注曰：'不言后土者，省文也。'窃意仲尼明一之不可为二，何独省文乎？周颂曰：兢兢武王，无竞为烈，不显成康，上帝是皇。"这段话的大意是，西士说天和地为至高的说法很难理解。因为至高的东西不能是两个，只能是一个，而天和地表示的是两个东西。西士说的天主，就是古代典籍中所说的上帝。《中庸》引述孔子的话说，国王在郊区举行的祭祀庆典，就是敬拜上帝。朱熹为《中庸》作注说，《中庸》没有提"后土"，是为了简略。不过西士认为，孔子明白至高的东西只有一个，而不是两个，这怎么能说是为了省略文字呢？《诗经》中《周颂》也说上帝就是皇天。《天主实义》上卷第二篇还说："商颂云：'圣敬日跻，昭假迟迟，上帝是祗。'雅云：'维此文王，小心翼翼，昭事上帝'。易曰：'帝出乎震。'夫帝也者，非天之谓，苍天者抱八方。何能出于一乎？礼云：'五者备当，上帝其飨。'……历观古书，而知上帝与天主，特异名也。"这段话表示，古代《诗经》中说，日出时圣人开始举行祭祀活动，祭典的对象就是上帝。周文王小心翼翼事奉的也是上帝。《易经》说帝是由雷而来的，帝不是天，苍天包含一切，它怎能是从一种东西而来的呢？《礼记》说，五谷丰登，都是上帝提供给人们的。

　　从这些古书中可以知道，上帝和天主只不过是名称不同罢了。总而言之，利玛窦发现《中庸》、《诗经》、

《易经》、《礼记》中所说的"天"或"上帝",同传教士用于指称他们信仰的最高神"天主"的含义是相同的,只是名称不同罢了。他还认为,儒家学说经过宋明理学之后,其非人格化的"天"和"理"的观念已经疏离了先秦儒家的"天"或"上帝"的宗旨,劝诫士大夫返本归真,恢复对上帝即"天主"的信仰。《天主实义》第七篇还说:孔子说"仁"的意思是爱人。"仁"也就是爱天主与爱世人。只要做到这两点,所有的德行就完全齐备了。这样,儒家"仁"的观念,就被演化为天主教的爱天主和爱世人的基本教义了。

除《天主实义》外,利玛窦还在《畸人十篇》中用中国经书与天主教经典作比较,证明中国经典与天主教经典是互相印证的。该书指出:"中国经书与贵邦经典,相应相证,信真圣人者,自西自东,自南自北,其一致而。"其他传教士也做过类似的尝试,以证明中国儒家和天主教是可以沟通的。耶稣会士白晋于康熙四十五年(1706年)撰写的《古今敬天鉴》用中国典籍所载之言和士大夫及平民百姓的信仰内容,证明它们与天主教教理是相符合的。总之,他们要努力证明的就是天主教与先秦儒家没有什么不同,正如魏裔介《道未汤(若望)先生七秩寿序》所说:"谓之西海之大儒,即中华之大儒也。"这就是罗马天主教传教士在华采取的"合儒"传教方略。

传教士用"合儒"之道来阐释天主教教理的做法,果然在士大夫阶层中引起积极回应。徐光启在《辨学章疏》中指出,通过和西方传教士的交往,了解到他们所传讲的道理是非常正确的，他们的行为操守是非常严格的，他们的学问是非常渊博的，他们内心真诚，观点平稳。佛教传到中国已千八百年，世道人心未能改变，是因为佛教所讲的内容似是而非。"必欲使人尽为善，则（西洋）诸陪臣所传事天之学，真可以补益王化，左右儒术，救正佛法者也。"李之藻在《畸人十篇序》里也有过类似的说法。由此可见，他们都认为天主教教义与儒家思想是不冲突的，并且可以补儒家之不足。此外，朱嘉德在为艾儒略的《西方答问》作的"序"中也说：天主教与儒家有相同之处，接受天主教与儒家并不矛盾。天主教的一些道理，是中国圣贤过去没有讲过而人们又应当知道的，以往圣人所讲的道理办不到的事情，天主教的道理却能办到。

在天主教可以"合儒"、"补儒"论的基础上，中国文人士大夫教徒和罗马天主教传教士又提出天主教优胜于儒教的"超儒"论。康熙末年，张星曜撰写《天儒同异考》，其三编分别为"天主教合儒"、"天主教补儒"和"天主教超儒"。他为该书撰写的《弁言》说明，中国人都知道有天主和上帝。佛教传入中国以后，其学说十分诡异，道教徒也跟着模仿，结果人心不古，道德衰退。儒家对此也无能为力，因为它不具备赏罚人的生死的权利。西方传教士奉天主之命从遥远的地方来到中国，就是要拯救人心，对我国大有益处。儒教包含了完备的真理，但有些道理却没有完全讲清说透，只有天主教可以补充其不足。

综上所述，在明末清初，无论是罗马天主教的传教士还是中国的文人学者，都有一部分人认为儒家文化是与天主教相通的，而且天主教还可以补儒家之不足，纠佛教之错谬。法国耶稣会士孙璋也说过，中国有《诗》、《书》、《易》、《礼》、《春秋》五经，天主教亦有经书。中国经书说洪水滔天，淹没了土地山脉和丘陵，但却没写洪水的原因，更没写明发洪水的年月和具体的时间。中国经书只说八卦中的乾和坤象征着天地，还说天为尊地为卑，这是乾坤所决定的。但究竟是谁创造了天地却没有讲明。中国经书只说天子率领王公贵族群臣百官，在郊区的圜丘上祭祀上主，但并未详细叙述郊祀的涵义。中国的《春秋》是一本劝善惩恶的书，以褒贬寓意赏罚，彰善瘅（音 dàn）恶，其教导和意图都是美好的，所以自古就有"孔子成春秋，而乱臣贼子惧"的名言。然而它只讲人们生前的善恶会得到暂时的回报，却未提人死后的赏罚也是分明的。由此可见，在传教士看来，儒家的道理关注的是此岸世界，而不关注彼岸世界，更未阐明世间万物的本原，因而是无法与天主教相媲美的。前面所引张星曜和朱嘉德的话也体现了这种观点。

此外，利玛窦等人还结合中国封建等级社会和中央集权制阐述了天主教的社会政治观。利玛窦提出，"天主为仁之原"。汤若望在《主制群徵》下卷也说过，众神必须隶属于一位至高之神，否则就会发生混乱。有形世界分为等级，目的也是为了防止混乱。世界上自然应该有位居最高的能人，身居至高之位的目的是为了治理天下。法国传教士殷弘绪（1698 年来华）在《逆耳忠言》卷四中说，"守教规者必遵国法，未有不遵国法，而能守教规者"。这样，天主教与儒家的社会政治伦理观就被巧妙地结合到了一起，天主教对国家的益处也就不证自明了。

罗马天主教与中国文化和习俗的适应，还表现在以利玛窦为代表的部分传教士对中国"尊孔祭祖"习俗的宽容。他们从儒家尊师和孝悌的观念来理解"尊孔祭祖"的习俗，把二者视为非宗教性的活动，排除在拜偶像的行为之外，认为它们与天主教教义不冲突，是可以宽容和接受的。他们的这种宽容态度是明末清初士大夫知识分子可以信仰天主教的重要原因之一。明末清初，天主教在中国能取得长足的发展，与利玛窦等传教士改变天主教的外貌，使之与儒家传统沟通认同，宽容尊孔祭祖的做法有密切关系。正是由于天主教适应当时的中国文化和习俗而有所改变，它才会被当时的中国人所理解和接受。利玛窦等人综合了西方天主教的思想和中国儒家的思想，构造了中国天主教思想的基础。然而，遗憾的是利玛窦式的做法没有被继承下去，因而中国天主教的思想和神学并没有发展起来。

除上述提到的著作之外，庞迪我著《七克》，福建王弼之父著《天儒印正》、《补儒文告》，朱宗元著《答客问》、《拯世略说》，孙璋著《性理真诠》，无名氏著《经书精蕴》，韩霖著《铎书》，吕立本著《易经吕注》等著作，都有借用中国经典阐明天主教教理的论述，对研究中国天主教的思想大有益处。

（2）天主教与中国文化的冲突。尽管部分文人士子接受了利玛窦等人关于中国古籍中的"上帝"与"天"，就是天主教所说的"天主"的解释，并承认天主教可以"补儒易佛"，但也有不少人对此不以为然，坚持儒家的道理已经完备，不必再创立新说，而且"天"与"上帝"也绝不是天主教之"天主"。比如大和尚袾（音 zhū）宏在《天说三》一文中，用儒家的观点驳斥天主教说：在郊区祭祀上帝是帝王的制度，表明皇帝就像广袤无边的天一样，皇帝崇敬天道，事奉上帝，由于上帝降旨给他们，尧舜二帝和夏禹商汤周文王及周武王才能按照天道而立于至高的位置。孔子说要懂得天意，敬天畏天，受天道的约束，并效法天道，他还说富贵取决于天，天知我意，天降德行于我，得罪了天连祷告祈福的对象也没有了，他确实是遵循帝王制度的无数个圣人思想和智慧的集大成者。孟子也说要敬天畏天，要乐于听从天道的安排，懂得天意，服事天道，他是仅次于孔子的亚圣人。关于天的理论哪里还有什么不足呢?! 根本不必你们这些人再创造什么新的学说。黄贞在《圣贤知天事天，夷不可混说》里也说，所谓天就是法则和规律，就是人性和人的意识。按照儒家的学说存心养性，提高修养，就是服事上天。悔过从善，就是向天祈福。可你们却放弃正确的教导另创什么关于天的学说和事天的说教，这实在有悖于孔子的核心思想。他们都认为，儒家的"天"与"上帝"决非天主教之"天主"。

实际上，罗马天主教与中国文化和习俗的冲突似乎要多于它与中国文化和习俗的交流与适应。大体上说，二者之间的冲突主要表现在传教士对宋明理学和佛教、道教的批驳。当然，著名的、旷日持久的"礼仪之争"是天主教与中国文化冲突的典型事例。

首先，天主教认为宇宙万物都是由天主创造的，人的命运是由天主决定的，传教士在"合儒"的过程中，感到中国古代典籍中所说的"天"与"上帝"都与教会所说的"天主"相符合。但宋明理学却不同，他们把儒家分为"先儒"和"后儒"，"先儒"指秦朝以前的儒家学说，"后儒"指宋明理学。他们在肯定"先儒"的同时否定"后儒"，声称在儒家学说中，历观《诗经》、《书经》和孔、孟之言可以发现，其宗旨是讲人的性命是由天定的，服事上帝是它们的主要内容。但汉朝以后，各种异端说教纷纷出现，致使正确的学说发生了混乱。假儒学此起彼伏，各种议论和书籍先后出现。他们告诫人们不要参考"后儒"的意见，更不要沉溺于佛教和道教的邪说。他们对宋明理学的许多观念提出了批评，利玛窦在《天主实义》中称，只知道古代的圣贤君王敬拜天地的主宰，而没听说他们中间有人尊奉过"太极"（指派生万物的本原）。关于太极的观点，恐怕很难说是合理的，太极不是产生天地万物的本原。他还说，如果把太极解释成"理"，"理"也不能成为天地万物的本原。因为理也是依赖其他东西而存在的，理自己都不能独立存在，它怎么能够创立其他万物呢？据此可以看出，利玛窦认为无论是"太极"还是"理"都不能作为万物的本原，不能和"上帝"、"天主"相提并论。而理学家则认为，"未有天地之先，毕竟也只是理，有此理，便有此天地"，即在没有天地之前，存在的只是"理"，有了这个"理"才有了天地万物。艾儒略在《万物真原》中说，"理"和"道"都是抽象的概念，怎么能够创造万物呢？在《三山论学纪》中，他又说，所谓生发万物的"理"是抽象的，自己不能生发万物，那么可以肯定造物主的存在是必定无疑的。这样，他们就把创造万物的"天主"与"太极"和"理"区别开了。

此外，利类思的《不得已辩》、汤若望的《主制群徵》、卫匡国的《真主灵性理证》、陆安德的《真福指归》、卫方济的《人罪至重》、孙璋的《性理真诠》和徐光启的《辨学章疏》、李之藻的《天主实义重刻序》、杨廷筠的《代疑编》和朱宗元的《拯世略说》等作品，均有辩驳理学的论述，其目的就是要证明"天主"观念与"太极"或"理"的观念不同，前者为创造天地万物的本原，而后者却并非如此。

当时的文人大多倾向于"天"，即自然之理，而且认为此"理"是永恒的，与人心相通，故天地万物为一体。黄贞在请求驳斥天主教的信中说，天主教标新立异地宣称创造天、地、人和万物的是天主，它把天地、天主和人分为三个东西，不许合而为一，把中国的万物一体论说成是不对的，这是要破坏世间永恒学说的传承。许大受在《辟贬儒》一文中，对利玛窦所说的古代圣贤君王中没有尊奉太极的观点也予以抨击，他说"太极"为万物的本原，中国古经根本没有隐瞒这一观点，《易经》中包含太极生两仪，两仪生四象，四象生八卦，然后衍化派生万物的话。可那些外国传教士竟然说出这种话来，就好像天生的盲人一样，怎么会看见过太阳呢？由此可见，当时的理学家和传教士在看待"太极"和"理"的观念上的冲突是很激烈的。

　　其次，传教士对佛教和道教进行了批判。传教士排斥佛教的做法源于利玛窦"迎儒排佛"的传教方略，而且利玛窦的著作如《天主实义》、《畸人十篇》等都有批驳佛教的论述。《天主实义》第二篇说：佛教和道教都讲"无"和"空"，这与天主的道理大相径庭，很明显人们不应该崇尚它们。关于利玛窦排佛，当时的文人也多有提及。沈德符在《野获编》中说：西方来的利先生立志努力要用自己的宗教劝化中国人，他对佛教批评得最多。谢肇淛（音 zhè）在《五杂俎》中也说，《天主实义》往往与儒教互相呼应，但对佛教和道教的一切虚无若空之说，都进行了深刻的批判。利玛窦常说：佛教窃取了天主教的道理，再加上轮回报应的教义，其用意在于迷惑世人。传教士和中国天主教徒对佛教指责最多的，是说佛教自传入后败坏了"世道人心"，而且佛教不尊奉天，所以它就不是正确的宗教，它与尧、舜、周、孔皆不相符。张星曜在《天主教合儒序》里指出：佛教没有传到中国以前，中国人只知道有天，有上帝，而且圣贤辈出，风俗淳朴丰富。自汉明帝时期佛教传入中国以后，它逐渐地创立各种邪说，如空无之说和轮回之说，都是迷惑世人、毒害世人的毒酒。它的布施说教是渔利的手段。而且出家人没有不放弃人伦的，他们坐禅而排斥义理。朱熹曾经说过：佛教兴，伦理灭；达摩来，义理绝。入教的士大夫徐光启和杨廷筠也都写过驳斥佛教的著作，冯应京和李之藻等人也都站在天主教和儒家的立场上对佛教的"空"、"无"之说和轮回观念作过批判。

针对天主教对佛教的驳斥，佛教人士也站在佛家和儒家的立场上予以反击。其主要观点为：中国孔孟的学说已经完满，不需要天主教的道理；"天主"有无数个，存在于一切事物之中，所以不能成为世界的本原；灵魂是轮回的，不是不灭的。大和尚悟圆还批评利玛窦等人专用天主排斥佛陀，实际上根本就没有理解佛。通容则说，利玛窦妄自以为只有天主具有无始无终的本性，可它创造的万物却是有始有终的，这种道理真是互相矛盾，根本不值得相信；利玛窦全然不懂天地万物都是自有自在无始无终的，却要在天地万物之外凭空地说存在一个单独具有无始无终特性的天主，这样的主张真是邪门歪道。

对于天主教和佛教的相互辩驳，纪昀在《四库全书总目提要》中评论说，利玛窦竭力排斥贬低佛教，所以佛教人士群起而攻之，利玛窦又反唇相诘，但他们各自坚持的观点都是十分荒唐的。从文化学的角度说，佛教和天主教基本上是属于不同体系的两种宗教，二者的许多观念根本不同，所以当它们相遇时发生冲突实在是不可避免的。传教士以天主教附会儒教，排斥佛教，而佛家却佛儒并用斥责天主教，这说明，那个时代中国社会以儒学为主、其他宗教为辅的格局是不可动摇的。

其三，罗马天主教和中国传统文化的冲突，还表现在中国部分士大夫站在国家正统观念和国家安全与社会安定的立场上，对天主教及其传教士进行猛烈的攻击，由沈㴶引发的明末"南京教案"和杨光先领头的清初反教"历狱"即属此类。沈㴶尚佛，原为株宏的弟子，明万历四十四年（1616年）任南京礼部侍郎时，连上三疏请求铲除天主教。他在《南宫署牍奏疏》中指责天主教传教士说，他们自称自己的国家叫大西洋，自己的宗教是天主教。然而普天之下海内海外，唯有皇上是天覆地载的光明之主，所以其国号为大明，这些外国人凭什么也要叫大西呢？既然声称归顺，怎么可以同时称大明大西呢？难道是要对抗吗？夏、商、周这三个伟大的朝代时，统治诸侯的人叫天主，统治天下的人叫天子，明朝沿袭古代的制度，每次颁布圣旨诏告天下时，皆称奉天而为。可这些外国人却诡称天主，企图将天主驾临于大明之上。如果真成为那样的话，愚民百姓就会被迷惑，以至无所适从。他第二次上疏时又说，传教士王丰肃这个狡猾的神父，公然潜往正阳门里，在洪武冈以西的地方盖起一座殿堂，里面悬挂摆设着外国的画像，用以欺骗诱惑愚民百姓。每个遵从了天主教的人，他都给予三两银子，并把教徒家庭成员的出生年月日登记下来，听说他还有咒术，只要他一呼唤，那些教徒便不约而至，民间歌谣都在传讲王丰肃。每个月除初一、十五以外，还有4个聚会日，每次聚会少则50人，多则200人。20年来，王丰肃潜住长久，结交很广。其他外国人也接踵来到南京，毫无疑问，其虎翼已经养成，有可能某一天闹出事端，对这一祸患应及早治理！沈㴶对传教士的不满和对国家安全的忧虑跃然纸上。他第2次上疏后，在南京的外国传教士王丰肃、谢务禄（后改名曾德昭）和中国修士钟鸣礼及20余名信徒很快被捕监禁。同年12月18日，在北京传教的庞迪我、熊三拔和王、谢4人一同被押解出境。天启初年，沈㴶再次指责天主教为白莲教，并下令逮捕教士，南京教堂被毁。这场"教案"很快波及全国，传教士纷纷在上海、杭州等地隐匿起来，活动受到极大限制。直至几年后，"教案"才得以平息。

杨光先领头掀起的"历狱"发生在康熙初年。杨光先相信回回历法，认为历法正朔的制定有关国体。他于清顺治十七年（1660年）上疏反对汤若望制定的"时宪历"封面上书有"依西洋新法"5个字。他在《不得已》上卷中说，钦天监监正汤若望以新法推行时宪历，从法律上说有扰纪之罪。时宪历是大清的历法，不是西洋的历法。汤若望是大清的官员，而不是西洋的官员。既然是大清的官员，制定的就是大清的历法，就应该在封面上书写奏准印造时宪历的日期，颁行天下，这才是尊从皇上的一统天下。可现在书写的是"依西洋新法"5字，这是暗中窃取历法权，并把它给予西洋，可表面上是说大清奉行西洋历法。真是罪当诛灭！杨光先坚持"宁可使中国无好历法，不可使中国有西洋人"。他还指控汤若望"借历法以藏金门（指宫廷），窥伺朝廷机密"，称传教士"二十年来，收徒百万，散在天下，意欲何为，种种逆谋，非一朝一夕"。康熙三年（1664 年）七月，他上疏参劾汤若望，指控传教士犯有三项罪名，即潜谋造反、邪说惑众、历法荒谬。同年十一月，在京的汤若望、南怀仁、安文思和利类思被捕入狱，并被判刑。多亏后来发生一场大地震，汤若望等 4 人才被孝庄太皇太后赦免释放。1668 年，康熙帝命令杨光先和南怀仁同到观象台"预推正午日影所止之处"，并对星象和气象进行推测。结果南怀仁的推测准确无误，杨光先则"逐款不合"。次年四月，杨光先被革职，南怀仁被任命为钦天监监副，4 个月后升为监正，汤若望也得到平反，恢复名誉。

应当说，引发这两个事件的原因基本相同，那就是要维护儒家文化和当朝统治的正统地位及国家的安定，尽管当时的传教士和天主教对统治制度和国家安定并不存在任何威胁。这两个事件反映出那时中国人文化观的封闭性和强烈浓厚的正统意识，以及对境内不安定叛乱因素的忧虑，同时也说明不同文化之间要达到相互理解绝非易事，"礼仪之争"便更加充分地证明了这一点。

"礼仪之争"是明清之际中西文化冲突的一大事件，主要发生在传教士内部，争论的焦点是拉丁文 Deus 的汉语翻译名称是否准确和中国人的尊孔祭祖活动是不是宗教仪式两个问题。传教士初来时，把 Deus 译为"陡斯"，译音而不译义。利玛窦起初用"天主"

二字，后来发现"上帝"和"天"在先秦经籍中用以表示天地的主宰，于是便把 Deus 译为"上帝"和"天"，而不用"天主"。后来他研读朱熹集注时了解到理学中的"天"与古代圣贤的"天"和"上帝"的观念不符，于是又以"天主"、"天"和"上帝"3个名词并用。但另一些传教士则主张只用"天主"或"陡斯"，而不用"天"和"上帝"，认为"天"是指苍苍之天，"上帝"也不表示创造天地万物的主宰。对"尊孔祭祖"问题，以利玛窦、艾儒略、卫匡国为代表的一些耶稣会士从"孝"的观念出发，认为二者都不具有宗教意义，入教的中国信徒继续参加尊孔祭祖活动是可以宽容的。但另一些耶稣会传教士如继利玛窦之后担任耶稣会中国区会长的龙华民，则把尊孔祭祖活动视作违背天主教教义的偶像崇拜迷信活动，严禁信徒参加。利玛窦去世后，两种观点的冲突变得公开化。其他一些修会如多明我会也加入了耶稣会的这场"中国礼仪之争"。于是通融和反对尊孔祭祖的两派开始相互指控，轮番向教廷申诉。

1643 年，多明我会的黎玉范至罗马状告耶稣会士背叛了天主教，向迷信妥协。1645 年 9 月 12 日，教皇英诺森十世下令禁止中国信徒参加尊孔祭祖仪式。在华的耶稣会士对此十分不满，遂派卫匡国于 1654 年至罗马申辩。于是，1656 年 3 月 23 日，教皇亚历山大七世下令允许中国信徒参加尊孔祭祖仪式。1669 年，多明我会的鲍郎高到罗马咨询 1645 年所发禁止中国礼仪的谕令是否已经被取消。令人费解的是，教廷答复

1645 年和 1656 年禁止和许可中国礼仪的两个谕令均有效。结果在华的传教士中出现混乱,只好各行其是。

康熙四年(1665 年),在"历狱"事件期间,天主教各个修会的传教士聚首广州,讨论礼仪问题。在 1667 年 1 月 26 日举行的会议上,除方济各会的利安当之外,其余参加讨论的 20 余名耶稣会士和多明我会士都签押同意遵行教皇亚历山大七世的谕令。不料,次年 12 月 19 日在广州的多明我会会长闵明我逃至澳门,后返欧洲,著书演讲,谴责耶稣会宽容中国礼仪的做法,在欧洲引起轩然大波。传教士之间的争论变成了社会辩论,许多不通神学、不懂中国文化的人也卷了进来,使问题变得更加复杂。巴黎"索邦大学"的神学家和荷兰的"詹森派"都对多明我会的观点予以支持。

过去,在华传教士都接受本修会视察员和中国区会长的管辖。但是,1680 年教廷传信部下令在宗座代牧区工作的传教士一律要服从宗座代牧。对此,一些传教士颇有异议,在福建省负责的宗座代牧、法国"巴黎外方传教会"的主教阎当就强迫传教士要服从他的领导。1693 年 3 月 26 日,他发布"牧函",声明中国信徒和传教士只许使用"天主"称呼唯一的真神;不许在教堂内悬挂"敬天"匾额;1656 年教廷宽容中国礼仪的谕令在良心上不必遵守等等。在这种情况下,同意宽容中国礼仪的耶稣会士(假)闵明我、徐日升、安多和张诚则就此事于康熙三十七年(1698 年)求助于康熙皇帝。1700 年 11 月 30 日,皇帝批示"上帝"

指的就是真神，敬孔祭祖只是爱敬先人和先师，并不是宗教迷信。

康熙皇帝的上述答复于 1701 年秋传到罗马教廷，但教廷对此不以为然。1704 年 11 月 20 日，教皇克莱门特十一世（1700～1721 年在位）明令禁止使用"天"或"上帝"的称谓指称"天主"，禁止信徒参加敬孔祭祖活动。康熙四十四年，铎罗主教受教廷委派抵达中国，公布该项谕令。他最初受到皇帝的礼遇，于同年 12 月 31 日在京受到康熙皇帝的第一次接见，但他却始终未提禁令一事。次年 6 月底皇帝又召见铎罗，问他来华目的，铎罗闪烁其词，不敢直说。康熙当即再次表示若西洋人反对敬孔祭祖，他们就很难再留居中国。后来，康熙从其他传教士那里获悉铎罗此行的目的之后，十分不悦。同年 7 月底，来京协助铎罗的阎当在热河受到康熙的召见。他只懂福建方言，讲话须经人翻译。皇帝指着身后的 4 个汉字令阎当读出，可阎当只认识其中的 1 个字。同年 8 月初，康熙降谕"（阎当）愚不识字，擅敢妄论中国之道"，"立于门外，论人屋内之事"。铎罗感到留在京城已毫无成效，遂请求获准于 8 月下旬前往南京。不久，康熙下令驱逐阎当出境，又命毕天祥（遣使会传教士，1699 年来华，时任铎罗的秘书兼译员）遣发四川，就地拘禁，还下令内务府凡愿意遵行利玛窦规矩的传教士，可以领票留下，令中说"凡不回去的西洋人等，写票用内务府印给发。票上写西洋某国人，年若干，在某会，来中国若干年，永不复回西洋"。

铎罗在南京知悉康熙的谕旨后，因使命的要求，1707 年（康熙四十六年）2 月 7 日发表致在华传教士公函，宣布信徒不许祭孔、祭天，不许供祖先牌位，不许以天或上帝称天主，若不遵守，将被开除教籍。可想而知，铎罗公布的教廷谕令与康熙的谕旨形成公开的对抗，他自然难逃被驱逐出境的命运。铎罗后来被拘禁于澳门，于 1710 年患病在囚禁中孤独地死去。

铎罗的公函发布之后，在华传教士分为两派：一派是愿遵行利玛窦规矩，领永居印票者；另一派为坚持遵守铎罗的禁令，拒领印票者。一些人还向教廷反映铎罗的公函对教会非常不利，试图挽回局面。1715 年 3 月 19 日，教皇克莱门特十一世发表《自登基之日》谕令，重申 1704 年的禁令，并要在华教士宣誓遵守。次年此令传到中国后，令康熙皇帝大怒，同时也对教务产生了极为不利的影响。由于教规处罚严厉，传教士无不遵守，而信徒或明里服从暗地违犯，或放弃信仰。为缓和关系，挽回影响，克莱门特十一世特派嘉乐主教一行于 1719 年（康熙五十八年）9 月来华。嘉乐于次年抵京后受到康熙的礼遇。他先将自己制订的比教皇 1715 年的《自登基之日》即"禁约"要宽容的"八项准许"示与皇帝，康熙感到略微宽心。但康熙阅读了教皇"禁约"的汉译本后，异常生气，批示道："览此告示，只可说得西洋人等小人，如何言得中国之大理。况西洋人等无一人通汉书者，说言议论，令人可笑者多。今见来臣告示，竟与和尚、道士异端小教相同。彼此乱言者，莫过如此。以后不必西洋人在中国行教，禁止可也，免得多事。"嘉乐感到无法在京解决礼仪问题，遂于 1721 年 3 月 3 日离京南下，同年 11 月在澳门公布其"八项准许"。对于这"八项准许"，宽容中国礼仪的传教士不仅予以接受，还给予广义的解释；而反对尊孔祭祖的一派则持反对态度。为统一和纯洁信仰，教皇本笃十四世于 1742 年 7 月 5 日颁布诏谕《自从上主圣意》，重申了《自登基之日》谕令的一切禁令，声明嘉乐的"八项准许"全部作废，并下令所有中外教士须宣誓遵守教皇的禁令，不得再讨论中国礼仪问题，长达约 200 年的"礼仪之争"至此才告结束。不过，在此诏谕下达之前，雍正皇帝已下达禁教令，在华传教士已所剩无几。

这场礼仪之争的孰是孰非暂且不论。不过，1939 年 12 月 8 日教皇庇护十二世颁布通谕，收回了历史上颁布的尊孔祭祖禁令，将尊孔祭祖看作是非"宗教敬礼"和"善举"。这一通谕似可作为这一争辩的最终结果。客观地说，在这场争辩中，天主教不许中国信徒"祭祖"的做法，首先有悖于中国传统文化以孝道为本的立国精神；而"敬孔"是过去读书人的必行之礼，学生入学首先敬拜孔子，遵奉孔子为至圣先师。因此反对尊孔祭祖违背中国文化传统和习俗，势必招致朝廷和士大夫的不满。此后文人学者视天主教为"洋教"，视信徒为"非我族类"，使天主教在相当长的时期里失去了与中国文化交流的可能，也失去了发展中国天主教神学思想的机遇，只在一般底层无文化的百姓中流传。

（3）向中国传播西方文化和科技知识。向中国传播西方文化和科技知识，是明清之际天主教传教士发现的唯一能够影响中国统治阶层的途径，也是他们能够得到重用并居留下来的关键所在。因此，他们和少数士大夫知识分子引入的西学，便成为那个时代天主教在中国流行的副产品。这些人把西方的宗教神哲学著作和历史、地理、数学以及天文等领域的知识介绍到中国，从客观影响看，扩大了中国人的知识、视野和思路，对明末清初实学的发展发挥了促进作用。

这一时期传入中国的西学内容相当丰富。在人文科学方面，传教士把欧洲中世纪的哲学、神学、历史学和社会政治学以及西方一般的知识传入中国。耶稣会士艾儒略在《西学凡》一书中对当时所说的"西学"作过简要的说明："极西诸国总名欧逻巴者，隔於中华九万里，文字语言经传书籍，自有本国圣贤所记。其科目考取，虽国各有法，小异大同，要之尽於六科：一为文科，谓之'勒铎理加'；一为理科，谓之'裴録所费亚'；一为医科，谓之'默第济纳'；一为法科，谓之'勒义斯'；一为教科，谓之'加诺搦斯'；一为道科，谓之'陡禄日亚'。"艾儒略所说的六科，就是我们现在所说的文学、哲学、医学、法律、教会法和神学。

简单地说，当时刊印的介绍西方逻辑学的著作有傅泛际、李之藻翻译的《名理探》（崇祯四年即1631年刻印）和南怀仁翻译的《穷理学》。介绍信仰神学的著作有利类思和安文思根据托马斯·阿奎那的《神学大全》节译的《超性学要》（顺治康熙年间刻印），傅泛际、李之藻合译的《寰有诠》，高一志撰写的《寰有始末》，孙璋编著的《性理真诠》（乾隆十八年即1753年印行），毕方济口授、徐光启笔录的《灵言蠡勺》（天启四年即1624年刻印），龙华民撰写的《灵魂道体说》，利类思所作的《性灵说》等等。介绍伦理学的著作有利玛窦撰写的《交友论》和《二十五言》、高一志的《譬学警语》和《修身西学》、艾儒略的《五十言余》以及卫匡国的《逑友篇》。介绍西方社会政治学的著作有高一志撰写的《西学治平》和《民治西学》。概述欧洲各国以及五大洲其他地方学术、制度、风土人情、服饰饮食、贸易航海、气候名胜的著作，有艾儒略编译的《西凡学》、《职方外纪》和《西方答问》；还有利类思、安文思和南怀仁应康熙的要求而作的《御览西方要纪》和南怀仁所作的《坤舆图说》下卷等等。传教士著作中介绍和论述欧洲神哲学的内容，主要是以托马斯·阿奎那的神学体系为代表的中世纪经院哲学，其次是亚里士多德哲学体系的部分内容如逻辑学、灵魂说和"四因说"。在论述中，他们通常采用的只是中世纪经院哲学家常用的演绎法和归纳法。明清之际，同传教士尤其是耶稣会士交往的文人士子虽然很多，但是能读到他们著作的人却不多，阅读后接受了天主教的人则更少。似乎那个时代的知识分子对西洋的一般知识更有兴趣，著作中也多言及。

除上述人文科学知识外，这一时期欧洲的绘画和音乐也传入中国。利玛窦敬献万历皇帝的贡物中就有

"西琴"一件，后来他又作《西琴曲意》8 章献上，传教士庞迪我还受命入宫教乐工学弹此琴。顺治七年（1650 年），汤若望建造的北京宣武门天主堂有两个塔，一个放自鸣钟，另一个里面放的是大管琴。康熙年间，来华的传教士中葡萄牙人徐日升和法国人颜理伯等人擅长音乐，曾在宫中御前演奏过巴松和提琴等乐器。徐日升和德理格等人还编纂了《律吕正义》一书，介绍西洋乐理、五线谱、音律及和声。最早传入的西洋绘画作品要算利玛窦进贡给神宗皇帝的"天主像"和"天主之母像"等作品。汤若望曾于崇祯十三年（1640 年）向思宗皇帝敬呈西洋图像，其中画 64 张、图 48 幅。清康熙、乾隆两朝，宫中和民间都有人学习西洋画法。民间流传的也有宗教题材以外的西洋画风格的作品。清朝中叶，宫廷西洋画师耶稣会士意大利人郎世宁，是来华的西洋画师中最著名的一位。他结合中西画法创作出许多以动物和花草为题材的作品，他画的马尤其受世人称赞。

与人文学科相比，明清之际传入中国的西洋科技知识要广泛深入得多，涉及天文、历法、地理、数学、军器、物理、工程和建筑等领域。在天文历法方面，李之藻根据西方天文学阐释周髀浑天、盖天的专著《浑盖通宪图说》于万历三十五年（1607 年）在京刻印；万历四十二年，由利玛窦口授、李之藻笔录的《圜容较义》也在京刊印。崇祯二年（1629 年），在徐光启和李之藻的再三请求下，崇祯皇帝下令成立"历局"，并批准传教士龙华民、邓玉函、罗雅谷和汤若望等人入局工作。直至清道光十七年（1837 年）"钦天监"不再使用西洋人为止，一直都有传教士在"钦天监"工作，长达 200 年之久。明末在徐光启和他的后继者李天经的主持下，上述传教士以及庞迪我、熊三拔等人合作完成了《崇祯历书》103 卷，清初改为《新法算书》。清顺治二年（1645 年），汤若望呈上用西法推算的《时宪历》被采用。康熙十七年（1678 年），南怀仁、利类思根据汤若望编译的历书和 200 恒年表，推算到千年以后，制成《康熙永年历法》32 卷，从此通用西历。康熙末年，西方教士编成《历象考成全书》，乾隆七年（1742 年）又编完《历象考成后编》；乾隆十五年戴进贤、刘松龄等人还编成《仪象考成》32 卷；乾隆三十二年，蒋友仁又编著《坤舆全图》，其中提到哥白尼的日心说。此外，传教士还带入和制造了一些天文仪器，如天文望远镜、天体仪、地球仪、计时晷、赤道经纬仪、地平经仪、简平仪、地平经纬仪、看朔望入交仪、六合验时仪等等。北京观象台（坐落在今北京市区建国门）安装了许多新天文仪器，使中国的天文观测有了很大进步。

在地图地理学方面，最早用西法绘制的地图当属利玛窦在广东肇庆时手绘的世界地图《山海舆地全图》。该图流传很广，被多次翻刻。明万历二十九年（1601 年），利玛窦进京向神宗皇帝献上《万国图志》。该图附有图解说明，介绍地为圆形，南北两极、赤道、赤道南北昼夜的长短、五带和五大洲，其中不少译名如亚细亚、欧逻巴、意大里亚、大西洋等名称已与现在通用的译名相差无几。利玛窦以后，在华传教士艾儒略、毕方济、南怀仁、蒋友仁等人也绘制过世界地图。利玛窦在澳门时就参考中国图籍制成中国地图，并附有拉丁文说明，寄往欧洲。后来卜弥格也绘有中国地图总图和分省图共 18 幅，地名为汉文附拉丁文注音，现存于梵蒂冈图书馆。康熙年间，传教士白晋、雷孝思、杜德美、费隐、冯秉正等人受命分赴全国各地，亲自测量，至康熙末年完成《皇舆全览图》共 32 帧，绘成关内 15 省、西藏，以及关外满、蒙、朝鲜等各地地图。《皇舆全览图》是当时世界上工程最大、绘制最精确的地图。明清之际介绍地理学的著作最重要的有艾儒略的《职方外纪》5 卷和《西方答问》。此后有南怀仁和利类思等人据《西方答问》编著的《御览西方要纪》。上述著作叙述了世界五大洲各国的风土人情、习俗、气候和名胜，《职方外纪》第五卷四海总说还详尽介绍了海舶与海道。

在数学方面，最先介绍西洋数学的著作是由利玛窦口授、徐光启笔录的《几何原本》（只译完前六卷，初刻于 1607 年）。它的翻译丰富了中国传统几何学的内容，并完善了表述方式。利玛窦还与李之藻合译了《同文算指》（1614 年刻印），该书是专述西洋笔算的著作，从加减乘除至开方运算均包括在内。他们二人还合著《圜容较义》；利玛窦与徐光启还合译了《测量法义》。同时徐光启还编撰了研究西方数学的著作《测量异同》和《勾股义》，并对中西测量方法和理论作了比较。介绍平面三角学和球面三角学的著作有邓玉函的《大测》2 卷、《割圆八线表》6 卷和徐光启、罗雅谷合著的《测量全义》10 卷。在南京随穆尼阁学习的薛凤祚和方中通分别撰写了《历学会通》和《数度衍》，对对数和三角学作了介绍。此外数学家梅文鼎著有介绍对数的著作《比例数解》，研究三角学的著作《平三角举要》、《弧三角举要》和《环中黍尺》。康熙六十一年（1722 年）编辑完成的《数理精蕴》，广泛介绍了西洋几何学、代数学和对数学，是明末清初西洋数学传入中国后集大成的著作。

在物理学和机械学方面，最先传入的是介绍西方取水蓄水方法的《泰西水法》，由意大利耶稣会士熊三拔口授、徐光启整理完成于明万历四十年（1612 年）。徐光启结合中国原有的水利知识完成了《农政全书》（1633 年），其中水利部分就引自《泰西水法》。不久又有中国信徒陕西泾阳人王徵与邓玉函合作译成《远西奇器图说录最》，简称《奇器图说》，于天启七年（1627 年）在京刊印。该书介绍了欧洲物理学中重心、比重、杠杆、滑轮等原理以及一些机械的制作方法，是传入中国的第一部机械学和力学专著。王徵还著有《新制诸器图说》，记录了他发明或仿造、改造西洋机械的 9 种奇器如自行车、自行磨等。后来王徵又对该书作了修改，增订奇器 24 种。另外，西洋钟表在明末已传入中国，利玛窦向神宗皇帝进贡的物品中就有自鸣钟。清康熙、乾隆时代，均有传教士在宫中专职制造各种自动机器和钟表。乾隆朝还在圆明园特设"钟房"，供负责钟表的传教士工作。传教士还根据钟表的机械原理制成自行狮虎、自行人等奇巧机器。

在建筑方面，明末在澳门已有西式教堂建成。天主教传入中国本土之后，西式教堂也出现在各地。据记载，较闻名的教堂有北京宣武门南堂、杭州武林门天主堂和上海城北安仁里世春堂。不过，这些教堂不完全是西式建筑，一般均为中西合璧式，或其内部结构中式风格尤为突出。明清之际最能体现西洋建筑风格的最大工程是圆明园。圆明园始建于康熙末年，至乾隆年间完成。长春园的欧式宫殿是由郎世宁设计，由法国人王致诚、蒋友仁协助指导，由中国工匠精心建造的。因而它是意大利和法国建筑风格的结合体。

此外，这一时期西洋医学、生物学、植物学、军器制造（西式火炮）等领域的知识也传入中国。上述传入中国的人文科学著作不少是从葡萄牙里斯本耶稣会主办的高茵磐大学的讲义翻译而成的，而上述译介的自然科学领域的著作有许多都收入了《四库全书提要》。据上海徐家汇藏书楼所藏书目初步统计，16、17世纪耶稣会在中国译著并出版的书籍有402种。其中宣传宗教教义和教史传记的有310种，占75%；关于哲学、社会政治理论和文艺的39种，占10%；关于一般科学技术和自然科学领域的62种，占15%。梁启超在评价明清之际西学东渐时说："明末有一场大公案，为中国学术史上应该大笔特书者，曰：欧洲历算之输入……我们只要肯把当时那班人的著译书目一翻，便可以想见他们对于新知识之传播如何的努力。只要肯把那时候代表作品如《几何原本》之类择一两部细读过，便可以知道他们对于学问如何的忠实……在这种新环境之下，学界空气当然变换。后此清朝一代学者，对于历算都有兴味，而且最喜欢经世致用之学，大概受利徐诸人的影响不小。"

三 19世纪基督教在中国的传播

　　19世纪，伴随着各个西方列强的全球扩张主义，西方各主要国家尤其是英国、法国、意大利、德国、美国以及俄国和后起的东方强国日本等国家，先后将自己的魔爪伸向中国。他们以武力相威胁，要求大清国实行"开放"，借国际原则的名义向中国政府强行要求不平等的特权，滥用领事裁判权，严重侵犯了中国的主权和利益。在这一历史背景下，基督教作为西方全球扩张主义的一个组成部分，再度在中国流传开来。与明末清初罗马天主教单独地和平地进入中国不同，基督教这次来华却是凭借着西方强权的保护进入的。外国传教士，无论他们愿意不愿意，都是在西方列强与中国清朝政府签订的不平等条约保护下、在中国土地上却不受中国法律约束的特权下在中国生活和工作的。

　　自雍正皇帝实行"禁教"以后，罗马天主教的传教活动被迫转入地下。至19世纪中叶，基督教在中国的任何形式的活动都是非法的。1842年第一次鸦片战争结束后，香港被割让给英国，成为基督教向中国传教的基地，同时广州、福州、厦门、宁波和上海 5 个通商口岸也被迫开放。1844 年 5 月 18 日签订的《中美望厦条约》第十七款规定，美国人可在"贸易港口租地自行建设礼拜堂"。同年 9 月 13 日签订的《中法黄埔条约》第廿二款规定，允许法国人在通商口岸"建造礼拜堂、医人院、周急院、学房、坟地"，中国人将法兰西"礼拜堂、坟地毁坏，地方官照例严拘重惩"。以上条款成为外国传教士在华建堂传教的最早的条约依据。但是，传教士向中国人直接传教和中国人信教依然是被禁止的。尽管如此，仍有个别外国天主教传教士违法秘密潜入内地从事传教活动。

不久，法国特使拉萼尼又通过两广总督耆英奏请道光皇帝对天主教解除禁令。1844 年年底，朝廷昭谕各省"华民习其教者，免治其罪"。1846 年，道光皇帝发布"上谕"，下令"所有康熙年间各省旧建之天主堂，除改为庙宇民居者毋庸查办外，其原旧房屋尚存者，如勘明确实，准其给还该处奉教之人"。但外国人仍不准在内地传教。1856 年，法国借口马赖神父在广西西林县被杀，联合英国发动了第二次鸦片战争。接着清政府先后被迫与俄、美、英、法签订了《天津条约》和《北京条约》，并在各条约中规定凡传教和信教之人应予保护，不得骚扰和禁阻。比如《中法天津条约》第十三款规定："凡按第八款，备有盖印执照安然入内地传教之人，地方官务必厚待保护。凡中国人愿信奉天主教而循规蹈矩者，毫无查禁，皆免惩治。向来所有或写或刻奉禁天主教各明文，无论何处，概行宽免。"《中法北京条约》第六款规定："应如道光二十六年正月二十五日上谕，即晓示天下黎民，任各处军民人等传习天主教、会合讲道、建堂礼拜，且将滥行查拿者，予应得处分。又将前谋害天主教者之时所充之天主堂、学堂、坟茔、田土、房廊等件，应予赔还，交法国驻扎京师之钦差大臣，转交该处奉教之人，并任法国传教士在各省租买土地，建造自便。"这一条的最后一项在《中法北京条约》的法文本里是不存在的，中文本的字句是由当时担任翻译的法国巴黎外方传教会的艾氏（1835 年来华）擅自增添的。根据清政府与各列强签订的各个不平等条约中的最惠国条款，一国强取的权利也为其余各国所共有。这样基督教传教士便从不得在中国传教，一步一步地获得了可以在特定的通商口岸传教到合法地进入中国内地租买土地、建堂传教的权利；清朝政府的政策也由禁止中国人信教变为必须保护信教的中国人，凡有违犯上述条款者将受到惩处，凡属以往占有天主教教产者必须归还。基督教在中国的权利和地位的这种惊人的突变，是通过外部压力实现的，是自上而下强迫实施的。这一变化给基督教带来的复杂影响和麻烦是人们始料未及的。

法国政府根据《中法天津条约》第十三款声称，法国享有在中国传教的"保教权"，因为中国政府在与法国签订的国际条约中允许华人习教，如果中国各级政府禁止中国人信教，那么法国有权根据条约向中国政府提出交涉。尽管 19 世纪后期的法国政府在国内是反对天主教实行教权主义的，但法国公使直至 20 世纪一直在中国施行这种保教权。与以往葡萄牙政府在东方享有的"保教权"不同，前者是根据不平等条约演绎而来的，后者则是由教皇赐予的；二者"保教权"的范围也大不相同，前者"保教"的范围在中国，而后者的权利则在海外。

同样，其他国家的政府也依照领事裁判权对本国在华传教士予以保护。而且，外国传教士还肆意将"治外法权"延伸至信教的中国信徒，干扰地方司法裁判，引起许多"教案"的发生。因此，19 世纪后期，基督教在中国的流传表现为两个趋势：一方面是各派传教士借助不平等条约的保护，进入中国沿海、内地和边疆的城镇以及穷乡僻壤，或公然夺回旧产、旧址，或强买或租赁土地，四处建立传教基地或布道所，从事各种直接间接的传教活动；另一方面是基督教传教士作为一种外来宗教的携带者和传播者，广泛地深入民间，以各种手段竭力争取"教民"数量的增加，打破了中国社会秩序的平衡和稳定性，给中国的社会和文化传统带来很大的冲击，从而招致中国各地官绅士民的普遍反对和抵制。

同明清之际相比，19 世纪和 20 世纪上半叶在华的天主教和新教的传教士很少同中国文化进行直接的正面交流，更没有像利玛窦那样借用中国古代经典来阐述基督教教义，即使有个别新教的传教士对中国的儒教和佛教表示赞赏，以为其中含有可被基督教利用的成分，也要遭到其他传教士的批评和反对。因为在西方传教士看来，西方文明具有独一无二的、绝对的优越性，而中华文明则缺少超验的上帝之光，尽管其历史悠久，也不过仅仅是"异教"文明而已。虽然天主教和新教的传教士都认为自己一方在中国传播的是"真正的基督教"，而对方则偏离了真理的本源，但是在对待中华文明的问题上，他们从根本上是一致的。另一方面，从罗马教廷本身来看，自进入近代以后，它一直严格禁止教会吸收现代哲学、历史学、语言学、社会学和人类学等领域的新成果，不断颁布"禁书目录"和教皇通谕，驳斥教会内部新兴的"现代主义"思潮，遏制了天主教神学的发展。在这种思想环境下，天主教同中国传统文化的交流是不可想象的。此外，从新教来分析，19世纪的传教士都是在欧美国家尤其是英美两国基督教福音奋兴运动的激励下，怀着迅速把"福音"传遍全世界的紧迫感和责任感投入传教运动的。他们来中国的目的就是要改变中国人的心灵，使人们皈依基督。20世纪的传教士也是如此，他们期望的是中国和中华文明的"西方化"和"基督化"。由于基督教会各派的情况不同并互不关联，本章和下一章将按照教派分别概述天主教、基督教新教以及东正教在19世纪和20世纪前期在中国传播和发展的基本状况。

关于19世纪和20世纪前期天主教和基督教新教在中国传播和发展的中外文参考资料很多，最主要的是外国传教士和少数中国教徒编辑的报纸杂志、撰写的回忆录和传记以及有关会议的文章汇编，如《中华丛报》、《教会新报》、《益闻录》、《圣心报》、《教务杂志》、《益世周刊》、《圣教杂志》、《来华传教士纪念册》、《基督教在华传教士全国大会纪录 1877 年》、《基督教在华传教士全国大会纪录 1890 年》、《基督教在华传教百年大会》3 册、《中国基督教会年鉴》、《教务教案档》、《中华归主》等。

 ## 罗马天主教的发展

尽管清朝自雍正皇帝以来一直对天主教实施"禁教"令，但是仍有个别外国的天主教传教士一直匿居中国境内秘密从事传教活动，或为教徒施洗，或在信徒的家里为聚集的信徒暗自举行弥撒仪式。总之，一切活动都是在暗地进行的。据嘉庆十五年（1810 年）的统计，中国的 16 个省约有 31 名欧洲籍的传教士秘密活动，中国天主教徒约有 20.5 万人。道光十九年（1839 年）约有 65 名欧洲籍传教士在华活动，中国天主教徒为 30 万人，他们构成 19 世纪天主教在华发展的群众基础。由此可见，在第一次鸦片战争前夕，天主教在中国的活动正悄然增加。此后，有了不平等条约的保护，天主教的活动便迅速活跃起来。第一次鸦片战争之后，尽管天主教传教士也在 5 个通商口岸从事引人入教的活动，但由于天主教在华已有 200 余年的历史基础，它的传教士比新来的新教传教士更加频繁地深入到内陆省份，与那里的信徒取得联系，伺机重振宗教活动。

1840年，耶稣会再次派首批3名传教士来华重振传教工作。1838年，受罗马教廷委派的法国传教士罗伯济（又称罗类思）被任命为"南京教区署理主教"，管辖山东、河南、江苏和安徽4省。1846年，他和1842年来华并被任命为上海耶稣会会长的法国传教士南格禄一起，在英国领事阿礼国等人的协助下，重新获得原属天主教会的部分土地。不久，南格禄等人又在索回的土地上建造了近代第一座徐家汇天主堂和"主教座堂"。天主教的其他修会也争先恐后纷纷来华。与此同时，罗马教廷的传信部为发展在华传教事业所拨专款也逐年增加，1843年为28万法郎，1845年和1851年分别为30.4万法郎和30.6万法郎，1854年增至31.1万法郎，1859年竟多达54万法郎。可以说，不平等条约的保护、西方的传教热情、雄厚的资金以及中国已有的信教群众，构成19世纪下半叶天主教在中国迅速发展的4个重要因素。

19世纪末，中国已有天主教男女修会几十个，其成员既有西方人也有中国人，他们是中国天主教发展的主要力量。这几十个修会主要是多明我会、巴黎外方传教会、方济各会、耶稣会、遣使会、米兰外方传教会、奥斯定会、圣母圣心会、圣言会、圣伯多禄圣保禄会、苦修会和圣母小昆仲会等修会。女修会有仁爱会、卡诺沙女修会、方济各圣母会、拯亡会、多明我女修会以及圣衣会等等。

中国内地被上述主要的男修会分为各自的管区和

势力范围从事活动，比如遣使会主要集中在包括北京、天津和蒙古在内的北方地区。19 世纪 30 年代，内蒙的西湾子村已经成为北京教区的中心，一些遣使会的传教士已重返该地区恢复教务。1840 年，法国遣使会的孟振生（1835 年来华）成为内蒙的第一任主教。1846 年，他被任命为"北京教区的署理主教"，1856 年升任"北京主教"。1860 年 10 月，英、法侵略军入侵北京后，他在法国中将司令官孟托班的协助下重开已关闭了 20 余年的著名的北京南堂。据教会统计，1846～1859 年，遣使会在华的中外籍神父大约增加了 52 名。耶稣会的活动主要集中在长江下游地区，它的总部设在上海的徐家汇。耶稣会在那里建立了印刷厂，孤儿院，学校，大、小修道院，藏书楼，报馆和天文台等机构和设施，成为罗马天主教在中国的最重要的中心之一。到 1852 年，耶稣会在江南传教区已建起学校 78 所，有学生 1200 余人。同时由耶稣会的神父施洗的成人信徒也迅速增加，比如 1854～1855 年，江南教区受洗的成人信徒将近 2000 人。到 19 世纪末，耶稣会在江南的教徒约有 12 万人，布道所 1000 处，小学校约 100 所。方济各会主要在湖南、湖北、山西、陕西和山东各省从事活动。巴黎外方传教会则主要在我国南方的云、贵、川、两广和西藏以及东北地区活动，所占面积最大。到 19 世纪末，西方天主教传教士的足迹已遍布中国除西北部分地区以外的其余各省。

从教区本质的定性和组织管理上说，由于中国尚未建立起由中国神职人员自己组成的"圣统制"，所以只能是天主教的"传教区"。19世纪，中国天主教教区几经变动，逐步确立。根据罗马天主教会的定制，只有建立起由本国国籍的神职人员组成的"圣统制"的国家的教区，才是正式教区，不再属于"传教区"。"圣统制"，一般是由高级教士大主教及主教若干名和众多的低级教士神父一起组成的，按照天主教的制度，其行政区分为三级：大主教区、主教区和堂区。大主教是大主教区的最高首脑，主教是主教区的最高首脑，堂区（也叫堂口）由神父负责。从1846年起，罗马教廷将澳门、南京和北京设为3个主教区，另外，在陕西、山西、山东、湖广、江西、云南、香港等地设立了宗座代牧主教区，即由教皇任命的宗座代牧主教或神父代管教务的主教区。此后，除宗座代牧区有所增加外，天主教会的组织结构基本上没有改变。1869年，大多数在华任职的宗座代牧都参加了在罗马举行的第一届梵蒂冈大公会议，并在会议期间专门讨论过中国天主教的发展问题，提出把中国划分为5个大区的计划。然而，直至1879年，教皇利奥十三世才正式宣布将中国分为五大传教区：第一区为直隶、辽东、蒙古；第二区为山东、陕西、河南和甘肃；第三区为两湖、浙江、江西和江南；第四区为四川、云南、贵州、西藏；第五区为两广、香港和福建。这五大区的划分便于天主教的教务管理。利奥十三世还规定各区要定期召开会议，相互交流信息，研究圣事、主教和传教士的管理问题、中国籍神职人员的责任和培养问题、传教方式问题、信徒的灵性问题、中国神职人员和修女的培训和纪律等问题。

罗马天主教会在中国的活动，最初，经费主要来源于西方国家的政府、教会和修会组织。但是，1860年以后，教会依据不平等条约夺回大量丧失的教产，并通过强占或在灾年低价购买田产、房产以及在历次教案之后获得大量的赔款而成为富有的大地主和大房产主。天主教会夺回或购置的财产，有相当一部分被用于租赁，教会从中获得大量租金，并把它用于各种教务活动，在南京、上海、天津和四川等地尤其如此。这样，天主教的各种活动就有了可靠的经费保障。

19世纪，中国天主教会的发展方式，主要是到基层直接布教，发展的信徒以穷苦人为主。中国教士和西方教士很少从事学术知识的传播活动，他们首先的和最后的工作都是"救灵魂"，即力图让每一个中国人都放弃自己原有的宗教和有悖于天主教教义的风俗习惯，改信天主教。他们着重在抵抗力较小的内地贫苦农民和沿海的穷苦渔民中间从事引人入教的活动，特别重视信徒人数的增加，对建立天主教徒家庭表现出浓厚的兴趣。当然，这也与清政府实行"禁教"令期间天主教主要在穷苦人中间存在和发展有密切关系。在一般情况下，某个地方的信徒人数达到一定数量，就在当地建立一座教堂，教堂建立后便成为教徒聚会活动的中心，教徒人数通常会逐步增加，信徒的分布逐渐向周围扩大。

这一时期，教会也兴办了一些学校，为教徒家庭的孩子提供世俗教育和基本的天主教"道理"的教育，这也是 19 世纪后期中国天主教发展的主要方法之一。教会开办的学校绝大多数是小学，但也有一些学校是专门培养神职人员、教会学校的教师或教理问答教师的，它们的程度要高。教会规定，未经传教士批准，学校不得接受非天主教徒家庭的儿童入学，所使用的中文教材不得包含任何"迷信"内容。那时，至少每个宗座代牧区都设有一所修院，专门培养神职人员。修院的学生通常要学十几年，除学习汉语文学外，还要学习拉丁语、哲学和神学。毕业的修士通常要到三十几岁才能成为神父。19 世纪中叶，由天主教会开办的较著名的学校有上海的徐汇公学（创办于 1850 年，后改称圣依纳爵公学）、圣芳济书院（创办于 1863 年）和天津的究真中学堂（创办于 1866 年）等。

此外，兴办育婴堂、孤儿院是当时常用的发展教徒的方法之一，它也是女修会的主要活动内容。天主教会兴办育婴堂、孤儿院的初衷和目的，都与为处于生命危险状态中的孩子举行洗礼有关，以为一经洗礼，他们死后的灵魂便不会再下"地狱"。当然，接受洗礼的人数越多，教会的成绩就越大。在孤儿院、育婴堂幸运地活下来的孩子也就自然成为天主教徒。19 世纪后期，教会在各地都设有孤儿院，但以上海、汉口和天津为甚。由于接收的儿童情况复杂，教外人无法了解孤儿院的情况和孤儿较高的死亡率等多种原因，普通百姓对教会收容孤儿的目的缺乏了解并进行种种猜测，结果造成 19 世纪后期由孤儿院引发的"教案"事件很多。此外，天主教会还在一些地方开办了医院和诊所，但它们在规模和数量上均无法同新教同期开办的同类机构相提并论。

19 世纪中叶外国传教士重新来华，一方面给原已存在的天主教徒带来了发展的活力；另一方面也限制了中国天主教徒自主发展中国天主教会的能力和可能性。自雍正朝"禁教"至第二次鸦片战争以后允许传教士进入内地传教和中国人习教期间，由于缺少神父主持宗教生活，中国的天主教徒尤其是原属耶稣会管辖的江南上海和南京一带的教徒，在宗教生活的实践中形成了一种特殊的管理堂口的形式：由本地农村里有威望的宗族长老即教徒们称作"会长"的男信徒和被称作"贞女"的单身女信徒管理教会事务的形式。这些"贞女"终身不嫁，信仰虔诚，往往在教会中有很大的影响力，神父仅在堂口发挥附属的职能。比如说，1800～1850 年，南京的天主教堂就是由一位何（音译，也可能是贺）姓寡妇负责的。这些女信徒负责照管教堂，给教徒家庭的子女讲授教理，在弥撒仪式中带领信徒祈祷，并负责照顾来访神父的生活。"会长"们则负责管理教堂的土地和经费，并安排神父秘访信徒聚会处等事宜。他们还负责与其他地方的教堂保持联络，并收买那些找麻烦的地方官员。

1842 年，法国耶稣会士的重新到来受到当地天主教徒的欢迎，但是他们很快就显示出轻视本地教会领导的倾向，并开始剥夺他们在地方教会中的领导权。1856 年以后，他们下令所有无会籍神父必须居住在耶稣会会院，并按照他们的会规生活。在各地归还天主教教产的过程中，他们又绕过以本地会长为首的堂务小组，直接同当地政府交涉，索回许多教堂教产。而本地信徒中原有的领导力量由于不可能在这一过程中发挥作用，便逐渐地解体了。对于"贞女"们，耶稣会士则禁止她们在教堂内的崇拜活动中发挥领导作用，并提出如果她们不发清贫、守贞和服从三愿组成女修会，她们在教会生活中的地位就是非法的。于是，1869 年，第一个中国女修会建立。此后，尽管中国天主教会内依然存在"贞女"，但她们的作用已大不如前了。耶稣会士与中国本地教会之间冲突的核心是领导权问题，它显示了中国本地教会自治要求与外国教会力量要控制中国教会的矛盾。从中国天主教会发展的角度看，耶稣会的所作所为恰恰是一种反改革的行为。结果，欧洲罗马天主教会的组织形态战胜了萌芽状态的中国本地教会形态，外国神父完全控制了中国天主教的发展，中国普通男女信徒以及中国本地神父完全处于顺服的从属地位。

19 世纪后期，中国天主教徒人数增长很快。据德理贤著《中国天主教传教史》记载，教会统计，1870 年中国天主教徒的人数是 369441 人，1889 年为 542664 人，1900 年已发展到 741562 人。人数增加之快，的确是初来的新教所望尘莫及的。这些新增加信徒的构成十分复杂：不少新增加的教徒是传统的天主教家庭新出生的人口；有相当多的信徒是在发生天灾人祸时或遇到其他困难时，因得到教会的少量物质救济后入教的；也有的是在亲属的影响劝说之下进教的；但是不可否认，有一些教徒是无所事事的泼皮或穷乡僻壤的土匪混入教会的"吃教者"；还有的是为逃避政府逮捕或镇压而寻求传教士保护的民间秘密团体的成员，或为依赖传教士逃避地租的佃农。每逢灾年，农民一家一户全体入教，甚至整个村庄全体进教的现象并不少见，在民间秘密会社比较集中的农村，这种现象也时有发生。鉴于上述情况，人们很难期望教徒对信仰的内容有较深的或正确的认识，而且根据天主教会规定，只有神职人员有阅读和解释《圣经》的资格，所以西方教士并没有从事圣经的汉译工作，他们向信徒灌输的天主教信条教规仅限于教会传统的"教理问答"内容，而不是向他们直接宣讲圣经"福音"。这是天主教和新教在中国传教内容的一个重大差别。

据教会统计，1885 年，中国有外国主教 35 人、外国神父 453 人，中国神父只有 273 人；1890 年，中国有外国传教士 639 人，中国神父仅为 369 人；1896 年或 1897 年，中国有欧洲籍传教士 759 人，中国籍神父增至 409 人，但却没有一位中国籍主教。由于天主教传统的限制和罗马天主教会自近代以来一直对现代新思想、新思潮采取抵制的态度，来华的欧洲天主教教士对现代民主思想的发展鲜有介绍。此外，大多数传教士从自己的宗教和文化视角出发，对中国人民和中国文化怀有深刻的偏见和歧视感，他们着重关注如何拯救"堕落的人们"的灵魂，关注信徒人数的增加，很少像利玛窦和艾儒略那样尊重中国文化，熟悉中国典籍。他们中的大多数人对中国社会的发展和变化也基本上持漠不关心的态度。总的说来，他们的活动一直处于中国社会变革的边缘，对中国社会 19 世纪经历的变化影响不大。

19 世纪后期，天主教会也出版发行过少数中西文刊物，其中西文刊物的文种有拉丁文、英文、法文、意大利文、西班牙文、葡萄牙文等。教会设有 20 多个印刷所，其中土山湾印书馆出版书报最多。在报刊编辑出版方面，中国天主教会有过一位闻名遐迩的神父，即李杕（音 duò，1840～1911 年）。李杕原名浩然，字问渔，1840 年生于上海川沙县，自幼信教，1852 年进入徐家汇圣依纳爵公学，1862 年加入耶稣会，1869 年升任神父。1879 年结束了近 10 年的基层教牧和教学工作，开始在徐家汇办报，著述生涯长达 32 年。他创办的第一份杂志是《益闻录》，第二份为《圣心报》。《益闻录》的内容"始于谕旨"，"终以地舆天文算数诸说"，"其间附以道学说、时事论，暨一切新闻传记文启诗词等作"。所谓"道学说"是关于天主教教义、教规的论述。1898 年，该刊与另一份天主教刊物《格致新报》合并为《格致益闻汇报》，仍由李问渔担任主编。《圣心报》创办于 1887 年，是中国第一家白话文月刊，登载许多宗教性的文章和报导，对影响信徒的宗教生活有一定影响。《益闻录》和《格致益闻汇报》先后介绍过一些西方自然科学如物理学、化学、数学、动物学、植物学、矿学等领域的知识。1906 年，李问渔还兼任过震旦学院的院长。他毕生勤于笔耕，著述丰富，多达 60 余种。这一时期也有一些外国传教士用中文编写论述教义教规和教史的著作及文章，其中比较著名的有意大利耶稣会士晁德莅（1848年来华，担任过圣依纳爵公学校长），法国耶稣会士夏鸣雷（1874年来华）、顾赛芬（1870年来华）、夏之时和法国遣使会驻北京教区主教樊国梁（1862年来华）等。

早在明清之际，无论是在民间还是在朝廷和各级地方政府中，反对天主教的情绪和活动一直没有消失过。到19世纪后期，当西方传教士公然出现在通商口岸并进入中国内地各省之后，许多地方反对天主教的活动再次出现高潮。一些传教士在各地强占强买土地，以物质利益吸引贫苦百姓入教，而且还把治外法权延伸至入教的信徒——凡教徒作案，地方官无权审判。他们甚至包揽诉讼，致使无辜的非信徒百姓遭受迫害和损失。结果在各地引起官绅士民的强烈反对，这是导致多起"教案"发生的主要原因，也是引发1900年义和团大规模的反洋教运动的最根本原因。从第一次鸦片战争到义和团运动爆发，全国各地发生教案约400起，其中由天主教的传教士引发的较大的教案有西林教案（1856年）、贵阳教案（1861～1862年）、衡阳教案（1862年）、酉阳教案（1865年）、天津教案（1870年）、呼兰教案（1882年）、大足教案（1890年）、宜昌教案（1891年）等等。在这些教案中，又以西林教案和天津教案影响最大。西林教案是由法国巴黎外方传教会的马赖神父引发的。1852年，马赖违反"外国人概不准赴内地"的规定，擅自潜入广西西林县从事传教活动。1856年2月，马赖在西林被拘捕法办。法国政府遂利用这一事件与英国联合发动了第二次鸦片战争，最终强迫清政府与之签订了《天津条约》，并赔款 200 万银两。天津教案发生于 1870 年 6 月下旬，与天主教仁慈堂所收中国婴儿死亡直接相关。当时，天津的士绅百姓认为法国传教士参与了拐卖和虐死婴儿的事件，遂涌向教堂表示抗议，并派代表与法国驻天津领事丰大业讲理。丰大业气急败坏，持枪同秘书一起冲进三口通商大臣崇厚的衙门，向崇厚连发两枪未中，归途中又向天津知县刘杰开枪，打伤其随从。天津群众义愤填膺，当场将丰大业和他的秘书西蒙打死，随后又焚烧了法国领事署、天主堂和仁慈堂，先后打死法国使馆及领事署人员约 20 人。英国和美国传教士所办的 4 所小学校也被付之一炬。事发后，英、美、德、法、俄、比、西七国的驻京公使联合向总理衙门提出抗议，并调派军舰结集天津和烟台一带进行威胁。清政府急忙派曾国藩赴天津查办。为避战求和，曾国藩委曲求全，将天津知府张光藻和知县刘杰发配边疆，民众中 20 人被判死刑，25 人被判徒刑，赔款约 50 万银两，崇厚赴法国道歉谢罪，才算结案。由此可见，"教案"是同政治、经济、军事和文化习俗等因素和复杂的社会背景密切联系在一起的。在天主教传教士引发的多次"教案"中，法国政府都依据所谓"保教权"对中国各级政府进行武力恫吓和外交威胁，其行为确实是臭名昭著、令人深恶痛绝的。以至于光绪年间清政府开始尝试与罗马教廷建立直接关系，以求摆脱法国"保教权"的桎梏。

伴随着"教案"的发生，天主教会所占土地越来越多，得到的赔款也逐渐增加。部分传教士和"教民"背离天主教所宣扬的主旨而恃强凌弱的不法行为和西方列强的武力威胁，不仅没有吓倒中国民众，反而更加深了中国人民对帝国主义者和外国传教士及其所保护之"教民"的仇视。1900 年的义和团运动就是在这种情况下发生的，在北方的许多地方特别是山东、直隶和山西三省，教堂、教士和"教民"成为义和团直接攻击的目标。有的教堂的武装力量还与义和团直接交战，不少中外籍教士和无辜的信徒包括一些妇女和儿童在混乱中被打死，天主教势力及其嚣张气焰遭到一时的打击。但是随后在八国联军的镇压和威逼下，清政府被迫作出让步，义和团运动惨遭镇压，清政府不得不给予天主教会大量赔款，被焚毁的教堂重新建立起来，新教堂逐年增加，更多的外国男女传教士进入中国。进入 20 世纪后，大的教案鲜有发生。

 新教的传入与进展

基督教新教是指 1517 年欧洲宗教改革后逐步产生的难以计数的众多独立教派，其主要信仰内容与罗马天主教会和东正教会大同小异。与罗马天主教在信仰上的根本差异在于，新教的主要派别都推崇《圣经》是基督教信仰最高的和唯一的权威，主张根据《圣经》，信徒人人可以"因信称义"，而不像罗马天主教会那样在承认《圣经》是信仰的最高权威的同时，也坚持教会传统，并相信罗马教皇享有从使徒彼得那里传承的"首席"主教地位，是普世教会在世上的最高首领。因此，在组织体制上，与罗马天主教会的中央集权管理制度不同，新教的教派和组织都是多元化多形式的。新教进入中国内地的时间比天主教晚200余年。

鉴于新教在19世纪才进入中国内地，所以整个19世纪活跃地从事传教活动的主要力量只能是外国传教士，他们虽然培养了少数中国牧师和传道人，但由于各种原因没有予以重用。19世纪新教初入中国，它的工作重在吸引中国人信教，建立发展基督教的机构，出版宣教刊物和书籍，扩大基督教的范围和影响，并在扩展中不断探索和调整发展战略和方针。

新教进入中国内地始自英国人罗伯特·马礼逊。1807年他来到广州，开始了新教在中国内地传播的历史。《中英南京条约》以前，共有几十位西方传教士来华传教，但由于清政府实施"禁教"令之故，他们大多只能在东南亚一带的新加坡、马六甲、曼谷、槟榔屿和巴达维亚等地的华人中间活动，或在广州的十三行工作。许多著名的传教士如英国的马礼逊、米怜、麦都思、理雅各，德国的郭实腊，美国的裨治文、卫三畏、伯驾和文惠廉等都是在1842年以前被派来到中国的。1840年，在香港和澳门的传教士共有20人。至1842年派遣传教士来华传教的基督教新教组织共有9个，即英国伦敦会（1807年）、美国美部会（1830年）、美国浸礼会（1833年）、美国圣公会（1835年）、荷兰信义宗（1829年）、英国行教会（即英国圣公会，1837 年)、美国长老会（1838 年)、英国圣书公会（1836 年）和美国圣经会（1833 年）。

19 世纪新教活动的第一阶段为 1807～1842 年。由于传教士在中国不得直接传教，这一时期他们工作的基地是东南亚一带，对象是海外华侨，重点是学习语言，翻译出版经书，介绍和宣传基督教的基本常识，兴办学校和医院，为有机会向中国民众普传基督教作准备。具体地说，这一阶段文字宣教工作的成就最大，约有 14 位传教士创办报刊和著译书籍共 239 种。其中最重要的是，基督教新教所采用的《圣经》全文于 19 世纪 20 年代初先后由英国传教士马礼逊和马士曼（在印度的华侨中传教）分别译成中文出版。马礼逊所译圣经全文的初名为《神天圣书》，1823 年在马六甲印行。除圣经外，这一时期影响最持久、流传最广泛的宣教作品是由米怜撰写并于 1819 年在马六甲出版的《张远两友相论》，该书通过两人一问一答的对话方式阐述了基督教的基本要道。它自问世起多次重印，直至 1907 年，仍被基督教会认为是最有用的基督教著作之一。1815 年 8 月，米怜在南洋创办了第一份中文月刊《察世俗每月统记传》。1832 年裨治文在广州创办第一份英文月刊《中华丛报》（又译《中国文库》、《中华见闻录》）。1833 年郭实腊和麦都思等人在中国境内创刊发行了中文期刊《东西洋考每月统记传》。

为吸引华人接近基督教，1815 年，米怜在马六甲为华人子女开办了第一所小学，1818 年马礼逊也在该地开设了华人学校即早期最著名的"英华书院"。1843

年，该书院迁至香港后更名为神学院，由著名传教士理雅各担任院长多年。1825年，传教士还在新加坡开办了一所华人女子学校。为了广泛传播基督教，早期的传教士们还于1834年成立了"中国益智会"，于1835年建立了"马礼逊教育协会"。在广州，为了以合法有效的方式接近中国百姓，引起他们对洋人和洋教的兴趣，美国传教士伯驾于1835年开办了广州眼科医局即"博济医院"，他还曾经为著名将领林则徐治疗过疝病。1838年，他又与另外两名医生一起组成中国医药会，企图在中国通过推行医疗事业达到传教的目的。据说，这一时期，东南亚、香港和澳门一带皈依基督教的华人有100多位，大多为工人、仆役和他们的家人。第一位华人信徒叫蔡高，于1814年在广州受洗。早期入教的信徒中最著名的是梁发，于1816年由米怜施洗成为基督徒。总而言之，1807～1842年新教开展文字宣教、教育宣教、医药宣教和直接宣教的做法，基本上奠定了后来活动的方法和框架。

梁发又称梁阿发（1789～1855年），是中国教会的第一位传道人。他生于广东肇庆府高明县（今高明市）三洲古老村的一个贫苦农民家庭，少时在私塾里读过4年书，15岁时离家到广州谋生，后来成为一名印刷工人。由于他所在的印刷所承印马礼逊和米怜著译的基督教中文书刊，因而结识了米怜并随他去伦敦会在马六甲开办的印刷所工作。梁发受洗成为基督徒之后，便始终如一固守信仰，坚持不懈地传播基督教，不曾因打击而动摇。据伟烈亚力著《来华传教士纪念

册》记载，梁发著有《救世录撮要略解》（1819 年）、
《真道问答浅解》（1829 年）、《圣书日课初学使用》
（1831 年）、《劝世良言》（1832 年）、《祈祷文赞神诗》
（1833 年）等汉文宣教书籍和小册子约 10 部。其中以
《劝世良言》最为著名，因为它对后来发生的"太平天
国"领袖洪秀全的宗教思想的形成产生了巨大影响。
19 世纪前期，在中国基督徒中间像梁发这样用中文撰
写宣教作品的人实属凤毛麟角。

早期来华的新教传教士作为在华传教的先驱，许
多人的活动都有独特之处。作为第一位来华的新教牧
师，马礼逊首先完成了圣经的汉文翻译。这是从唐朝
基督教首次进入中国以来，汉译圣经全文第一次流传
开来。尽管圣经译本的文字显得比较粗糙，但对于中
国基督教的发展而言，他的翻译工作仍功不可没。马
礼逊还编纂了第一本《华英字典》，是英语国家来华的
人们最早的语言工具书。可以认为他对中西方文化的
交流确实产生了很大的影响。马礼逊于 1782 年出生于
英国诺森伯兰的一个普通家庭，幼年随其舅父学习，
显示出良好的记忆力。他在家接受基督教的熏陶，但
在外面却与不良之徒交往，品行败坏，后又害怕死亡，
求上帝赦罪。于是他参加了祈祷会，并加入了长老会，
表示要献身于基督教事业，后来就学于戈斯波特传教
学院。初来中国时，他客居在广州的美国商馆，1809
年起担任了英国东印度公司的翻译，以合法身份公开
活动。马礼逊除两年回国度假一次之外，在华生活 25
年，1834 年去世。马礼逊著有基督教方面的汉文著作

和介绍中西文化沟通的著作数本，如《问答浅注耶稣救法》和《西游地球闻见略传》等。他去世后，长子马儒翰等人对他的圣经译本作过修改。

德国人郭实腊又称郭士立，是普鲁士德国路德教会的牧师，也是一位特殊的传教士。其独特之处在于他的传教狂热和在中国的冒险精神与违法活动。虽然19世纪30年代的中国海禁未开，但郭实腊却多次打扮成中国人随商船沿中国海旅行，并进入内陆，沿途布道，散发了数十万宣传基督教的各种小册子和传单，并广泛了解和收集中国各地各个方面的情况和信息，把它们传递给商人、传教士以及其他方面的人。他曾经在英国东印度公司贩运鸦片的商船上担任翻译，竭力主张西方列强用武力强迫清政府开放海口，并多次为英国侵略军北上担任译员，出谋划策。香港被英国占领后，他从1843年起担任了香港政府的中文秘书。1844年，他在香港组织了华人"福汉会"，由他出资培养华人传道人，并派遣他们返回内地发放传教书籍和传单。总之，郭实腊是一位非常复杂的、具有多面性的传教士。

事实上，在1842年以前违法进入中国沿海城镇散发基督教书籍和传单，并在暗中了解中国信息的西方传教士不止郭实腊一人，英国传教士麦都思也有类似的经历。受传教热情的激励和进入中国传教无望带来的压抑感等多种因素的影响，一些传教士在为了传播"福音"的口号下主张或赞成本国政府对清政府动用武力。他们甚至还从神学的角度为借助武力进入中国的行径进行辩护：把第一次鸦片战争的结果说成是"上帝的工作"而不是人的行动造成的；第一次鸦片战争是"上帝伟大的计划"——利用西方人邪恶的力量破开中国的大门，让"福音"进入中国，是上帝对中国的怜悯。在第一次和第二次鸦片战争前后，协助本国政府或其他西方国家政府同清政府签订各种不平等条约、借担任翻译之便将有利于传教的条款写进条约中的外国传教士有郭实腊、裨治文、伯驾、卫三畏（1812～1884 年）、丁韪良以及马礼逊之子马儒翰等。其他传教士一般也都对《南京条约》、《天津条约》、《北京条约》等不平等条约赋予传教士的权利表示热烈的欢迎。从历史的观点看，人们完全有理由认为若没有西方的军事力量作后盾，西方传教士就不可能长期留在中国进行传教活动。

《中英南京条约》签订以后，新教的活动进入第二个阶段，即在广州、福州、厦门、宁波、上海 5 个通商口岸建堂习教阶段。传教士们纷纷来到 5 口，建立活动基地。英国的伦敦会进入广州、厦门和上海；圣公会也进入上海、宁波和福州；美国的美部会进入广州、福州、厦门和上海；北浸礼会进入宁波；南浸信会进入广州和上海；圣公会进入上海；北长老会进入宁波、上海和广州。另外，至第二次鸦片战争爆发，一些新的传教组织如英国的长老会，美国的归正会，德国的礼贤会、巴陵会，英国的循道会，美国的美以美会、安息日浸礼会，英国的浸礼会等机构也都派遣传教士来到中国，进入开放城市从事布教开拓工作。

至 1858 年，中国共有 20 个传教团体。

　　这一阶段的传教工作，首先，强调的是发展信徒。但是由于按照清政府法律的规定，传教士不得直接口头向中国人宣传基督教，他们只好边学汉语，边到人们常集中的地方了解情况，散发基督教作品。他们通常的传教对象是传教士所请的语言教师和所雇佣的家庭仆人。其次，这一时期传教士的另一项重要工作是在中国"先生"的协助下，继续编写、翻译和发放基督教书刊和传单。因为向成年人散发传教印刷品，利用文字材料接近中国人，是当时最为可行的甚至可以说是唯一的直接传教方式。据统计，1807～1867 年，传教士共编写和翻译中文作品 800 种，其中约 90% 都是宗教性的。

　　在翻译圣经方面，这一时期发生过一件影响深远的事件。1843 年 8 月 22 日至 9 月 4 日，英美主要传教组织的 14 位传教士在香港举行了一次联席会议，着重商讨中文圣经的合作重译工作，期望中文圣经主要术语的翻译能够达成一致，以便中国人明白不同组织的传教士所传的同为基督教，所讲的是同一个至高的神。然而，尽管选出的圣经翻译委员会的代表们后来付出了很大的努力，但是英国和美国的传教士都固执己见，不肯妥协。结果，后来英国差会出版的中文《圣经》中将希伯来文的 Elohim 译为"上帝"，而美国差会发行的中文《圣经》中则译为"神"。因此，汉文《圣经》才有了所谓"神本"和"上帝本"之说。除官话圣经译本外，圣经的部分经卷还被翻译成为广东方言、闽南方言、上海方言和宁波方言。传教士甚至还尝试过用罗马拼音翻译圣经的某些段落和经卷的工作。宣教作品都是在传教士自办的印书馆印刷完成的。

这一阶段，基督教在五口活动的另一个内容是开办学校。美国北长老会于1845年在宁波创立男子寄宿学校"崇信义塾"，美部会于1853年在福州创立"格致书院"和"文山女塾"，英国圣公会于1850年在香港和上海分别创立"圣保罗书院"及"英华学塾"等学校。学生的数量一般都很少，据估计，1842～1860年，传教士（含天主教的）开办的"洋学堂"约有50所，招收学生1000人。起初，学生都是贫穷人家的子女，学校免费提供他们食宿、衣服和书本。在教授简单知识的同时，也向他们讲授基督教的要理。男学生通常由传教士本人负责，女学生则由传教士的妻子负责。办学的目的，一方面是希望那些学生能够皈依基督教，成为传教士宣道工作的未来助手；另一方面是期望通过学生接近其家长，企图找到接近中国成年人的机会和可能性。此外，传教士也在5口开办了少数医局，从事治病救人和传道工作。按照规定，他们只被允许在当天可以返回的里程范围内活动，不得超越。但是许多传教士为了向5个通商口岸以外的其他地方发展，经常不顾中国政府的限制进入内陆活动，或散发传单，或察看地形，收集情报，为今后进入那些地区长期传教作准备。据说，1842～1859年，传教士违法进入内地传教的记录约有1500人次。地方政府逮捕传教士之后便将他们送往领事馆。总的说来，这一阶段传教士的活动仍然是有限的，信徒的发展也极为缓慢，只有数百人。

19世纪中叶发生了一件多少与基督教相关的事件，即太平天国运动。洪秀全（1814～1864年）因屡次应试落第，深感过去所拜之中国诸神像保佑无效，加之生病时所见异象和受梁发所著《劝世良言》中阐述的基督教的影响，于1843年创立"拜上帝会"，并开始自行洗礼，敬拜上帝，摒弃偶像，四处传道。1847年，洪秀全曾赴广州美国南浸信会传教士罗孝全家学道，阅读到中文《圣经》和多种传教作品，并对教会组织和礼拜仪式略有了解。但罗孝全并未给他洗礼。1847年以后，洪秀全仿照基督教的"十诫"制定出"十款天条"，并吸收基督教的某些组织形式和崇拜仪式动员和组织农民群众。1851年，洪秀全发动了金田起义。两年后，农民军占领南京，建立了太平天国政权。

太平天国的信仰，是洪秀全自己的经历、知识和对基督教的某些认识的混合，因此它既有基督教的因素，又有对它的扭曲。太平天国的信仰似乎受圣经旧约律法的影响较多，虽然它也相信上帝是创造天地万物的唯一的真神，但是更强调上帝的愤怒、诛妖、驱邪和战斗性，忽视新约中陈述的"爱"的诫命。虽然太平天国的信仰也讲上帝、耶稣和"圣神风"（马礼逊对"圣神"的译名），但它却与基督教"三位一体"的论述相去甚远。他们提出的上帝是"天父"，"天王"洪秀全是上帝之子、耶稣之弟，东王杨秀清是"圣神风"。他们也不举行圣餐仪式，但又的确采用了基督教的一些术语，宣讲一些基督教的道理，主张男女平等，天下一家，共享太平；相信死后善人上天堂，享永福，恶人下地狱，受永刑；在举行礼拜仪式时，众人也下跪、祈祷、诵圣经、唱圣歌、讲道理，等等。

太平天国这种复合型的信仰内容和礼拜仪式，最初引起外国传教士很大的兴趣。早在 1853 年和 1854 年，传教士就报告说，太平天国运动可能对传播基督教产生积极作用。英国传教士杨格非访问天京时还获准在太平天国的管辖区自由传教。1860 年以后，又有几位英国传教士访问过天京，结果都失望离去。罗孝全在那里逗留一年有余，被任命为外务大臣，自由行动。他最终的结论是洪秀全"疯狂了"，太平天国是"反对福音"的，它不会使基督教在中国取得成功。尽管"太平天国"政权最后失败了，它对于基督教在华的传播也未提供多少帮助，但它与基督教的关联仍然不失为基督教在华发展史上的一个小插曲。

《天津条约》和《北京条约》签订以后，中国开放了更多的通商港口城市。从 1860 年起，基督教开始在中国广泛传播。基督教在中国迅速发展的标志之一，是传教士大量地深入中国内陆，"占领"城市和乡村。据统计，到 1877 年，中国的满洲、蒙古和其他 18 个省份都有基督教的活动。1860 年以前，新教已传到广东、福建、浙江和江苏 4 省。此后，它又陆续进入山东（1860 年）、直隶（1860 年）、湖北（1861 年）、江西（1865 年）、满洲（1867 年）、蒙古（1870 年）、安徽（1869 年）、河南（1875 年）、湖南（1875 年）、陕西（1876 年）、山西（1876 年）、甘肃（1876 年）、贵州（1877 年）、四川（1877 年）、云南（1877 年）和广西（1877 年）。其中安徽省以后的 10 个内陆偏远省份均为"中国内地会"的传教士率先将基督教带到那里的。

19 世纪 60 年代以后，新教在中国广泛发展的标志之二，是越来越多的传教士和传教组织进入中国，广泛建立活动站，企图早日实现"中华归主"的美梦。据统计，1858 年在华的传教士仅代表 20 个传教组织；1889 年增至 41 个；至 1900 年，在华的传教差会已多达 61 个。同期，在华外国传教士的人数也迅速增长，1864 年，在华的外国传教士 186 人；1889 年增至 1296 人；1905 年发展到 3445 人。新教外来力量的增长远远超过了罗马天主教，1890 年，双方传教士数量之比为 2:1，当年在华的新教传教士为 1300 人。绝大多数传教士从属于某一传教组织，但也有一些传教士独立从事传教活动。布道所的数量成倍增加，传教士每到一个新的地方都先要购置房产、建立布道所，并逐步把布道所扩展为传教总站。传教总站一般包括礼拜堂、布道所、学校、诊所或小型医院，甚至有孤儿院或瞽目院，以及传教士的住宅和华人教牧所。1860 年，中国有布道所 35 个；1880 年，布道所发展到 132 个；到 1900 年，布道所已有 498 个，分布在 356 个地方。

19 世纪 60 年代以后，新教广泛发展的标志之三，是传教的战略稍有改变，基督教的教育、医药和文字传教的地位日益重要，逐步发展成为基督教活动的重要组成部分。至70年代中期，办学院、办医院只是基督教活动的附属部分，仅仅是西方传统的"慈善"之举，而不是他们的总计划的组成部分。英国伦敦会的杨格非在1877年于上海召开的在华传教士大会上说："我们作宣教士的，深信到中国来，乃为顺服主的命令；我们宣教的目的就是要使这个广大的中国民族成为基督的门徒，这是我们的使命。无论别人干什么工作，我们在这里不是为了发展国内的资源，亦不是为着促进工商业的发达，更不是为了文化生活的进步，而是要与黑暗的权势争战，救人离开罪恶，务求为了基督，征服中国。"应当说，这段话代表了绝大多数传教士的观点，即布道工作是基督教活动的主要内容，其他工作都是为引人皈依服务的。所以，到19世纪末以前，很少有专职从事教育、医药、文字、出版等工作的传教士。教会学校的教员，医院的医生、护士以及负责其他工作的传教士，也都尽量地参与布道工作。

但与此同时，随着自强运动和洋务运动的兴起，随着中国的有识之士、政治家、商人和爱国主义者对现代化重要性认识的日益增强，少数传教士意识到，应当向中国传播西方现代科技知识，以便影响中国的文人阶层和统治者，改变他们对基督教的敌视态度，从而促进基督教的发展。所以，在1877年和1890年举行的全国传教大会上，都有人竭力主张要多办不同等级的教会学校，提高它们的水平，扩大医院和出版事业的规模，认为这样做有利于造就本地教会人才，为教会学校培养本地教员；有利于用西方的科技文化影响中国年轻的一代。尽管有不少传教士反对教会学校中的世俗教育趋势，但是到 19 世纪末已有个别教会中学改为学院，招收大学预科和本科学生，受过专门训练的传教士也来到教会学校和医院专职从事教育或医药工作。

无论如何，19 世纪的最后二十五年至 20 世纪中叶，专门从事直接的布道工作和通过各种社会工作进行传教的两种方式是并行的。前者以戴德生领导的著名的"中国内地会"为代表，所以通常又被称作"戴德生路线"；后者以神学观点较为开放的英国传教士李提摩太为代表，故被称为"李提摩太路线"。然而，不管传教士具体做什么工作，传播基督教仍是他们最本质的职责。不同之处在于，多数传教士在乡村、城镇做直接的布道工作，少部分在大城市的中心做间接的传教工作。

鉴于部分传教士对自己工作认识的变化，19 世纪最后二十五年，基督教兴办的教育、医药和文字传教等社会工作发展很快。据教会统计，1876 年，基督教开办的男子寄宿学校总共 30 所，男子日校为 177 所；女子寄宿学校是 38 所，女子日校为 82 所；神学校为 20 所（第一所是 1869 年开办的），学生 231 人。各类学校总计 347 所，共有学生 5917 人，平均每所学校 17 人。1890 年，卫斯理宗、长老会和公理会开办的教会学校已占所有教会学校的一半。卫斯理宗还单独或与他会合作在上海、福州、南京和北京开办大学。美国北长老会也在北京通州办起了"华北协和大学"。据《在华传教士全国大会纪录，1890年》记载，1889年，在教会学校注册的学生总数为16836人，其中卫斯理宗教会学校的学生为4417人，长老宗为3497人，公理宗为3198人，圣公会为3123人，基督教教育发展之快是显而易见的。同时，尽管部分学校开设英语课程吸引学生，但终究因清政府明令禁止教会学校的学生参加科举考试，断绝了他们的仕途，因此教会学校很难招收到优秀学生。

基督教教育增长的另一现象是，1877年传教大会上成立了专门编写和出版教会学校用书的委员会即"益智书会"。到1890年它已完成编写和出版教科书84种、图表40种，销售书籍30000册，而且大部分是非宗教性的。至1890年，该会分离为"同文书会"（"广学会"的前身）和"中华教育会"（后改称"中国基督教教育会"），前者承担出版发行工作，后者负责研究教育问题。

同期，教会的医院和诊所也发展迅速，1876年，有教会开办的医院16所，然而到1889年医院已增加到61所，此外还有44个诊所；1881年传教医生只有34人，但是到1890年传教医生已多达100人。同教育传教相比，医药传教更容易被传教士接受，而且它通过治病救人的具体行动更容易使病人因感动而愿意入教。

这一时期，基督教的文字和出版事业相应地也进展很快，传教士翻译修订完成了多种版本的圣经旧约、新约和圣经新旧约全书，出版了多种解释圣经，论述教会信条、教义和神学，讲述基督教基本道理和教会历史、人物传记等方面的基督教作品；通过办报纸、杂志和出版发行介绍西方历史、地理、政治和社会等方面的知识性读物，向中国读者特别是官员和知识分子广泛宣传西方文化。但总的说来，后一类出版物相对而言要少得多，其中较著名的中文报刊是《教会新报》和《万国公报》，较有影响的书籍是花之安的《自西徂东》、林乐知的《中东战纪本末》和《全地五大洲女俗通考》以及李提摩太的《泰西新史揽要》等等。在翻译西方科技著作方面，长期担任上海江南制造局译员的英国传教士傅兰雅的成就最大，现今流行的许多科技词汇的译名都是由他首先采用的。较大的教会书局有美国北长老会的美华书馆，美国美以美会和监理会合办的美华印书局、美华浸会书局和广学会等。这一时期，中国基督徒投入著述工作的如凤毛麟角，只有个别牧师在《万国公报》和《教会新报》上偶尔发表一些关于基督教教义的简短论述。

值得一提的是，在 19 世纪的最后 10 年里，极少数传教士如李提摩太、林乐知和丁韪良等人认为时机成熟，也开始从西方人的立场和角度在中国鼓吹和推行维新变法，《万国公报》和广学会成为他们宣传西学的喉舌和阵地。他们认为只要用西学影响中国的官僚和知识分子阶层，就必然能够使中国实现西方化，并排除反对基督教的障碍，实现"中华归主"的梦想。他们还向中国官员免费赠送《万国公报》每期

800 本（当时每期大约印刷 2000 本）。总而言之，他们的上述活动确实为传播西方现代教育制度、医疗制度以及文化科技知识发挥了不小的作用，同时也对旧的传统教育制度和社会制度的解体起了推波助澜的作用。此外，传教士在戒毒、戒赌和赈灾救济方面也做了不少的工作。

尽管基督教竭力通过教育、医药、出版和赈济等方面的工作在社会上造成尽可能大的影响，但是中国信徒的人数却没有像传教士渴望的那样迅速增加。1858 年，中国新教徒不到 500 人；1877 年为 13500 余人；1889 年为 37287 人；1900 年为 85000 人。形成这一局面的根本原因主要有三个：其一，传教士是与西方侵略势力一起并且受不平等条约保护闯入中国社会的"入侵者"，因而在中国人民看来，他们与侵略中国的西方帝国主义有着天然的联系；其二，中国官绅士子阶层一直对基督教持反对、怀疑和冷漠态度，因为它对中国传统文化的根基和社会结构形成很大的冲击；其三，新教在中国不像天主教那样有群众基础，而且传教士一直反对敬拜祖先，甚至诅咒中国信徒的祖先已坠入"火湖"和地狱，必遭永罚，因为他们从未听过"福音"，不相信上帝。因此，对于中国人来说，入教便意味着与自己的祖先、家族以及邻里割断关系，意味着焚毁保佑自己和后代的祖宗牌位及其他神灵，意味着从心灵到行动上的"背叛"或"革命"。所以，若不是真心信服或迫于生计，入教是非常艰难的。不过对于那些一贫如洗、流落街头的穷人、孤儿寡妇、乞丐或游手好闲贪图物质利益之徒，入教反而要容易一些，因为入教不仅不丧失任何东西，反而可以有口饭吃，或仗着"洋人"抬高自己的地位。所以，19世纪的中国信徒主要来自社会的中下层群众，其中不少人因教义的约束而使自己的行为得到改善，但是"吃教的"和信仰不坚定者仍大有人在。

一般而言，基督教堂最初是由中国式的房子改造而成的，此后再修建或另建西式大教堂，教堂通常是牧师讲道的中心。据统计，1876年，全国有教会312处，1889年达到522处。19世纪，男女信徒无论是在礼拜堂还是在布道所，都实行分坐，甚至隔开，以便同中国"男女授受不亲"的传统礼俗相符合。19世纪的教堂，有的是由中国牧师、传道人和西方传教士共同组成的小组一起管理的。多数教堂的经费来源于西方教会，但也有一些教堂的中国牧师和传道人的生活费用是由本地信徒自己捐钱维持的，这类教堂被称为自立教堂。19世纪末，自立教堂中属于长老宗的较多。基督教堂最重要的宗教仪式叫礼拜，通常包括唱赞美诗、朗读圣经章节、祈祷和讲道。赞美诗的曲调是从西方移植过来的，歌词也是由西文翻译而来的。由于基督教的各个派别互相独立，进入中国后，他们的神职职务和派别名称的翻译五花八门，令人感到十分混乱。例如同一个西文名称主教，信义宗教会把它译为"监督"，而循道宗教会则把它译作"会督"。再比如循道宗，美国南方的循道宗教会翻译为"监理会"，而美国北方的循道宗则译为"美以美会"。类似的现象很多，给中国普通百姓理解新的外来宗教带来很大困难，往往因名称的不同而以为它们是不同的宗教。此外，入教举行的洗礼仪式又分为点水礼和浸礼两种；礼拜仪式有的在星期天举行，有的在星期六举行。凡此种种，给人们的认识带来的麻烦是可想而知的。

这一时期，中国基督徒中产生的男女传道人和职员的数量也逐年增加。据统计，1876 年为 750 人，1889 年为 1657 人，1905 年增至 9904 人，16 年增加 4.98 倍，但升任牧师的仅有 345 人。所以说，宣教工作主要是由外国传教士和中国籍的传道员承担的。由于中国基督徒自己组成的自立教堂很少，信徒的捐款十分有限，中国籍的传道人员和牧师以及在其他传教机构任职的教职员一般大都属于外国传教组织的受薪雇员。中国本地传教人员几乎没有人参加过 1877 年和 1890 年举行的全国传教大会。基督教在中国发展的方向完全操纵和控制在外国传教士手中。

同罗马天主教在中国的传播一样，新教的传教活动也遭到很大的阻碍，导致不少"教案"的发生。究其根源，既有文化的，也有人为的。由于基督教及其文化完全是外来的，它所包含的三位一体的上帝观、创世观、人生观和救赎观等神学内容，以及它的宗教生活方式和教会制度与中国传统文化和习俗完全是"异质"的，最初不仅难以为中国人所接受，而且极易引起双方的误解，这是不同文化间的交流难以避免的，特别是当这种交流以不平等的方式进行时，误解和冲突就更容易发生（这些原因同样也存在于天主教传教士引发的"教案"中）。由于传教士的活动是借不平等条约进行的，有的传教士无视中国普通人民和各级政府的权利，强征强买土地房产，滥用"治外法权"，袒护"教民"，干预地方司法裁判等行为，引起全国许多地方各个阶层的人们的不满。然而，因为新教的传教士不像天主教传教士那样因为"给还旧址"的问题而引发"教案"，所以一些中外基督教会的人士至今都觉得在造成的教案数量方面，不可将双方相提并论。事实是，在那个时代的普通中国人看来，天主教和新教的传教士从外貌到言行并不存在根本的差异，他们都是"洋鬼子"，宣传的都是"洋教"。不过，无论如何，全国各地确实发生过多起与新教的传教士相关的"教案"，如青浦教案（1848 年）、台湾教案（1868 年）、扬州教案（1868、1891 年）、延平教案（1874 年）、济南教案（1881 年）、重庆教案（1886 年）、古田教案（1895 年）等等。1900 年爆发的反"洋教"的义和团运动，是自 19 世纪基督教再次传入中国之后发生的规模最大、波及地区最广的一场斗争，虽然也有少数传教士及其家属死于混乱之中，但是八国联军占领北京之后遭到屠杀的无辜百姓却难以计数，清政府的许多官员也被革职查办。虽然义和团运动沉重地打击了传教势力，促使此后的传教政策发生了较大的变化，但是西方列强却逼迫清政府与之签订了《辛丑条约》，实现了他们瓜分中国的愿望。

四 20 世纪基督教在中国的
发展与遭遇

　　进入 20 世纪以后，中国社会发生了空前的变化。
1901 年《辛丑条约》的签订，使中国社会完全陷入了
半殖民地半封建的状态。中国人在西方列强和日本这
个小小的邻国多次对中国的武装侵略面前，屡遭失败，
被迫一步步地从向西方学习造炮造船的实用技术和科
学知识，开始转向学习西方的文化和国家制度，探索
图强救国之路。20 世纪初期，清政府采取了一系列新
政举措并且废除了科举制度，带来了全国上下兴新政、
办新学的浪潮，形成了渴慕西方文化的新景观。儒家
的社会政治传统和道德以及一切与之相关的旧礼教、
旧习俗、旧风尚到处受到抨击和批判。与此同时，国
民对"洋人"的态度也发生了明显的变化。过去每发
生一次"教案"，清政府不是失地就是赔款，而波及北
方广大地区的义和团运动又遭到八国联军武力的残酷
镇压，外国传教势力也可以较为平安地在各地活动。

　　1911 年辛亥革命之后，新的共和政府取代了旧的
封建王朝，它不仅宣布要实行共和制，而且还要实行

宗教信仰自由，结果给基督教的活动提供了史无前例的绝好机会。在这种情况下，中国的知识分子和普通百姓对基督教的反感大大削弱，基督教的阻力锐减，它在中国经历了一段顺利发展的时期。然而，好景不长，新文化运动、五四反帝爱国运动和北伐革命等思想启蒙和民族主义运动接连不断地发生，一切与帝国主义相关的力量再次成为人们攻击的目标。同时，西方的科学实证主义、实用主义、虚无主义、无政府主义、理性主义、国家主义、社会主义和共产主义等各种思潮以及新的生活方式也传入中国，并且在知识分子和青年中间产生很大的影响，引起他们对一切非理性的宗教和传统的反思与批判，导致 20 世纪上半叶最大的一次反基督教运动的爆发，给基督教尤其是中国的信徒们形成很大的压力，对天主教会的"中国化"和基督教新教的"本色化"产生了强烈的刺激作用。在三四十年代，基督教在中国虽然也有过平稳发展的短暂时期，但是由于战争和社会的动乱，它的状况已无法和 20 世纪初同日而语了。

天主教的变迁

20 世纪上半叶，中国天主教的外部环境发生了很大的变化，有利于天主教的传播。一方面，中国政府对西方的态度由歧视转向仰慕，国民对天主教的敌视态度也相应改观；另一方面，第一次世界大战使西方国家遭到重挫，好战的法国政府已无力像 19 世纪那样施行"保教权"。罗马和中国建立了直接的联系，有利于政教关系的改善和传教士的管理。从官方说，民国政府赋予公民选择宗教信仰的自由权利；从民间看，"洋教"在中国社会中已经成为一种可以接受的存在现象，传教士不必像过去那样依赖强权而存在于人们中间。对于多数信徒而言，入教已经成为家传现象或自愿的行动。当然，这并不意味着外国教士能够平等地对待中国教士和中国信徒。在这种情况下，天主教的传教力量继续增加，罗马天主教在许多方面得到充分发展，教会基础得以巩固。这一时期，最为突出的事件是梵蒂冈派宗座代表来华并与中国政府正式建立了外交关系，以及天主教的"中国化"。我们将看到，由于民族感情和立场不同，在迎接民族主义和中国革命的挑战时，外国传教士和部分中国天主教人士的做法大相径庭。

（1）1900 年以后，罗马天主教神职人员力量持续增加。旧的修会继续派人来华，新的修会持续增加，慈幼会、帕尔玛圣奥斯定会、玛利诺外方传教会、圣高隆庞外方传教会、苦难会、圣心司铎会、救世主会、印五伤司铎会、魁北克外方传教会、圣方济各嘉布遣会、白冷外方传教会等都是 20 世纪来华的修会团体。有的传教士还深入到大理、延吉、西藏等少数民族聚居的艰苦地区开展活动。1936 年，中国的修会共有 20多个。为了进一步鼓励中国天主教徒参与传教事业，1922 年罗马教廷派驻中国的宗座代表刚恒毅于 1928 年亲自创立了专收中国教徒的修会"主徒会"，两年后已入中国籍的比利时神父雷鸣远也创立了一个类似的修会即圣若翰小兄弟会。据徐宗泽《中国天主教传教史概论》记载的教会统计数字，1903～1904年，中国籍的天主教教士有534人，外籍教士为1110人；1919～1920年，中国籍教士有963人，外籍教士为1417人；1928～1929年，中国籍教士已1563人，外籍教士为2051人；1936年，中国籍教士已经发展到1835人，外籍教士为2717人，中外籍教士共有4552人。

罗马天主教的女修会也有很大发展。按照天主教会的传统，尽管她们不能与教士享有同等的权利和地位，但是在中国这样一个传统的男女有别的农业社会里，在向妇女传教尤其是向乡村妇女及其子女传教方面，在推行天主教初级教育，开办医院、孤儿院等方面，她们又具有自己的优势。据统计，1900年以前，中国只有8个女修会；1930年，女修会已有48个，专门吸收中国修女的外国籍女修会将近40个。1930年，在华的修女人数多达2460人，其中外籍916人，中国籍1544人。她们所负责的医院和留养院共有232处，诊所为785所，孤儿院为360处。教会医院、诊所、孤儿院和育婴堂，一般既收教徒、教徒子女，也收非教徒和非教徒子女，还免费给贫苦的病人发放药品。客观地说，她们的确做了不少慈善性的工作。在抗日战争和解放战争时期，一些中外籍教士还打开堂门，收留逃难的群众，给予他们人道主义的帮助，使一些妇女免遭日寇的蹂躏。

（2）天主教的活动和方式基本上和19世纪相同，

继续在百姓中间从事引人入教的活动，继续开办学校、医院和诊所，编写和出版宗教书刊。与以往不同的是，20世纪上半叶，天主教会不仅开办了更多的修院、小学和中学，而且还开办了师范学校、职业学校和3所大学。在宗教教育方面，除了在北平、大同、济南、兖州、成都、徐家汇、开封、宣化、汉口、九江、宁波和香港设有中心修院外，各宗座代牧区和监牧区也设有修院。这些大大小小的修院成为天主教会培养神职人员的基地。

这一时期，天主教会的普通学校已普遍地招收不信仰天主教的学生，比19世纪后期前进了一步。但是小学和中学仍然有男校和女校之分，而且世俗教育和宗教教育同步进行。虽然学校一般不要求非教徒学生学习宗教课程，但是在小学里，神父、修士和修女们往往通过吸引不信仰天主教的学生参加宗教歌唱活动的做法，激起他们对天主教的兴趣；在中学里，他们吸引学生参加神父讲解教义的课程，以便影响学生的宗教倾向。20世纪上半叶，天主教会在华开办的男女中学共有200多所，小学有400多所。以1930年为例，教会男小有197所，女小为117所，教会中学的男女学生共计12332人。

19世纪后期，中国尚没有一所天主教高等院校。进入20世纪后，为了使中国摆脱贫穷落后的困境，不再受外来势力的欺凌，越来越多的青年渴望学习西方文化，希望通过教育救国。在这种氛围下，天主教大学应运而生。在维新志士梁启超和蔡元培的启发和推动下，经过上海耶稣会的批准和协助，中国著名的天主教爱国人士、教育家马相伯于1903年在上海开办了天主教的第一所大学——震旦学院。1922年，天主教会在天津创办了津沽大学，后改称天津工商学校。1925年，美国的本笃会在北平创办了辅仁大学，1933年移交圣言会负责。显而易见，这3所大学分别设在中国最重要的3个城市，意在吸引中国最优秀的青年，并对中国社会发挥影响作用。1930年，这3所大学共有学生1374人，都是男生，而且未入教的学生多于天主教徒学生，其中正科和预备科的教外学生共1075人，约占78.24%；而教徒学生却只有299人，占21.76%。这些大学培养了一批学有专长、知识面较宽的新一代知识分子。著名的历史学家陈垣曾经担任过辅仁大学的校长，他对景教、也里可温教和明清之际天主教的深入研究和真知灼见，至今仍然受到学术界的推崇。在天主教大学里，极少数不信仰天主教的教员和学生，在同神父教授的交往中，对天主教哲学和教义产生了兴趣，进而接受了天主教。例如，1937～1945年，辅仁大学的80名非信徒师生改信天主教，其中包括10位讲师和助教；1945～1949年又有95位学者受洗。

20世纪上半叶，在新文化运动、五四反帝爱国运动和抗日战争的鼓舞下，在民族感情的激励下，中国部分天主教徒也积极投身于爱国运动的洪流之中。天主教界的著名人士英敛之和马相伯，就是其中最杰出的代表。早在1917年，英敛之就挺身而出，勇敢地揭露外国天主教传教士对作为西方列强的本国政府歌功颂德甚至要求中国教徒也爱传教士祖国的丑恶行径，号召中国天主教徒对外国势力要有清醒的认识，不要盲目顺从传教士。马相伯不仅创办了震旦学院和复旦公学，而且在"九一八"事变之后，勇敢地站出来谴责国民党政府的不抵抗主义，呼吁停止内战，团结抗日。1935年，他和沈钧儒、邹韬奋等人一起联名发表了《上海文化界救国运动宣言》。在30年代，他已享有"爱国老人"的美称，受到中国共产党领导人的尊重。在五四运动期间，北京、天津、上海和广州等许多地方的教会学校的学生和教员，不顾学校里天主教士的反对，冒着被开除的危险举行罢课，参加示威游行，抗议帝国主义占领和瓜分中国的强盗行动，体现了他们的爱国热情和民族自尊心。

面对中国人民民族意识的觉醒和反帝爱国运动的浪潮以及第一次世界大战给西方天主教会带来的损失，罗马教廷也意识到，只有培养更多中国本地的教士，才能保证天主教在中国土地上永久地存在下去。1919年11月30日，教皇本笃十五世颁布《至大至圣之任务》通函，敦促在传教区担任主教的外国传教士要加快本地神职人员的培养。1922年担任教皇的庇护十一世继承了其前任的策略，鼓励每一个修会都要积极投身传教工作，加速本地神职人员的建设。他一上任就任命并派遣意大利人刚恒毅总主教来华担任"宗座驻华代表"，广泛推行天主教会"中国化"的政策，在中国建立罗马天主教会的"圣统制"。1923年12月12

日，罗马教廷选定湖北蒲圻为"国籍宗座监牧区"，立中国神父成和德为宗座监牧。次年4月15日，又决定河北安国为"国籍第二宗座监牧区"，立中国孙德桢为宗座监牧。1924年5月15日~6月12日，刚恒毅受教皇委托在上海召集了第一次全国主教会议，讨论加速天主教会的中国化建设问题。在与会的49位所谓"中国主教"中只有两位是中国人，而且还仅仅是"监牧"主教，其余的"中国主教"都是外国人。1926年2月和6月，庇护十一世又发表两个通谕，鼓励欧洲派遣更多的传教士来华传教，并再次敦促提升和培养本地神职人员，指出"不得阻碍中国司铎担任司铎区及大主教区主教"。同年10月，庇护十一世在罗马亲自为6名新选的中国主教举行祝圣礼，以体现他对加速建设中国天主教教阶制度的决心。1933年，他又在罗马为3位中国主教举行了祝圣礼。至1936年年底，全国共有23个中国主教，管理13个"国籍宗座代牧区"和10个"国籍宗座监牧区"。1945年12月24日，庇护十二世任命青岛主教田耕莘为东亚第一位枢机主教。1946年4月11日，教皇宣布成立中国天主教"圣统制"，至此，中国天主教会步入了正规化的组织序列，从理论上说不再属于"传教区"。但实际上，当年在华的总主教共有20人，其中17位为外国人；所设的主教区共有140个，其中110多个主教区的主教为外国人。显而易见，中国的天主教会依然控制在外国传教士手中，天主教会"中国化"的现实仍然只是一个梦想。

早在 19 世纪末，清政府曾经几次试图和梵蒂冈接触，以便避开法国所谓"保教权"的干扰，为解决"教案"寻求可行的途径，但终因法国的威胁而未能实现。20 世纪初，民国政府和梵蒂冈第一次进行外交接触是在 1917～1918 年，当时的外交总长陆徵祥是一位天主教徒。这一次双方同意互派公使，建立外交关系，而且梵蒂冈还正式向外界宣布了这一消息。法国对此立刻作出反应，向梵蒂冈（1905 年法国实行政教分离后，梵蒂冈已和它断绝了外交关系，至 1921 年双方重新复交）和中国政府表示抗议，提出中梵建交违背《中法天津条约》赋予法国的"保教权"，迫使中梵建交再次流产。1919 年，教皇本笃十五世委派广东宗座代牧光若翰担任中国教务巡阅使，调查教务情况。次年光若翰向教廷提出请派"驻华宗座代表"的建议。1922 年，教皇庇护十一世一上任就颁布了设立驻华宗座代表的谕令，并任命刚恒毅为宗座代表。刚恒毅的职责"只有传教的宗教性质"，"不得有任何政治的联系和色彩"，他将"尊重中国政府，尊重外国的权利"，但"绝对不能为任何外国的政治利益服务"。刚恒毅还表示"圣座不干涉政治，有时政治走进了宗教的范围，圣座乃偶尔也办政治"。他于 1922 年年底抵达上海，次年元旦在京拜谒了黎元洪总统后，赴汉口建立宗座代表临时公署。1928 年，宗座代表公署正式在北京的前恭王府成立。

国民党南京政府成立不久，庇护十一世很快于 1928 年 8 月 1 日发表通电，承认南京政府，对中国内战的结束表示"高兴"和"感恩",并重申"教会素主对于合法政府,宜尊重服从,且宣传此主张以教人。圣教会为其教士及教友所要求者,惟国民应有之自由及公民权利之保障"。南京政府收到"八一通电"后,外交部部长王正廷(基督徒)立即亲自复函表示感谢。1929年1月22日,刚恒毅一行在南京受蒋介石接见时,再次对"太平实现,统一告成"表示祝贺,并与王正廷商谈中梵订约事宜。1933年刚恒毅因病辞职后,意大利人蔡宁主教担任了第二任驻华宗座代表。他的到来受到国民党政府的热烈欢迎,并先后得到行政院院长兼外交部长汪精卫、国民党政府主席林森和军分会代委员长何应钦的接见。

不料,正当中国与梵蒂冈的关系稳步发展之际,日本侵略者占领东北三省,梵蒂冈很快于1934年初正式承认"满洲国",并任命巴黎外方传教会的高德惠为驻"满洲国"的宗座代表。庇护十一世还于1938年9月10日接见了"满洲国特使团"。1939年庇护十一世去世以后,新任教皇为庇护十二世。在当时十分复杂的国际形势下,1939年3月11日,中国驻法国大使顾维钧作为中国历史上的第一位特使赴罗马参加了庇护十二世的加冕仪式。与此同时,梵蒂冈和伪满洲国仪礼函电往来频繁,罗马教廷还把东北从中国教区划分出来,单独成立东北主教区。日本占领华北之后,梵蒂冈驻中国的宗座代表蔡宁不仅不对日本侵略者屠杀中国人民的暴行予以谴责,相反却于1939年3月14日发布公函,要求中国天主教神职人员和教徒"保持超然态度，不左不右"，从而引起国民党政府的不满。后来蔡宁长期隐居北平的宗座代表公署。

1943 年，中国和梵蒂冈就通使事宜再次接洽，最后梵蒂冈同意接受中国派公使驻教廷，但教廷却不派公使前来，仍由蔡宁任宗座代表。同年 7 月，国民党政府任命谢寿康为中国驻教廷第一任公使。1946 年，田耕莘担任枢机主教回国后，蔡宁同他一起前往南京谒见了蒋介石。同年 7 月 6 日，庇护十二世下令建立驻华教廷公使馆，并任命意大利人黎培里总主教为第一任公使。至此，中国和梵蒂冈政府之间总算完全建立了外交关系。到解放战争时期，梵蒂冈和国民党已在反共的阵营里结为一体。正是这位黎培里在新中国成立近两年之后，既不以外交官的身份同中华人民共和国政府取得联系，又迟迟滞留不去，而且还大肆鼓动教士和教徒从事反共活动，最后于 1951 年 7 月被驱逐出境。从此，梵蒂冈与中国大陆的外交关系画上了句号。1952 年，梵蒂冈与台湾的国民党政权接续上了外交关系。

在对待共产主义和无神论的问题上，罗马教廷从来都是毫不含糊的。从 19 世纪后期利奥十三世以来的许多教皇都公开发表过反共言论，已是人所共知的。从 20 世纪二三十年代起，罗马教廷和外国传教士一直通过牧函、报刊、讲道和祈祷等多种方式在中国教士和教徒中间从事支持国民党的反共反革命的宣传，蒙骗了不少信徒群众，造成了极坏的影响，给中国天主教以后的发展形成很大的障碍。

经过 20 世纪前半个世纪的发展，中国天主教教徒人数迅速增加，他们主要分布在华北、东北以及南方各个城市的市区、区县的乡镇和村寨。在少数天主教徒聚居的村庄，全村绝大多数的村民都信仰天主教。当地教堂的神父不仅在关乎宗教信仰的所有事务上指导信徒，在教堂内为他们举行弥撒仪式以及洗礼、婚配、葬礼等仪式，在教堂外，神父也参与协调和处理教徒的家族纠纷和邻里矛盾。所以说，神父的言行和政治态度对教徒的影响极大。从信徒的信仰水平看，其程度确实是参差不齐。他们中间虽有能够理解和认识信仰的，但大多数人特别是生活在农村的信徒，仅仅是依照父母口传会"念经"而不解其意的盲从者。由于天主教徒的家传特点较强，信徒的子女一出生就接受洗礼，而且一般都是信徒之间互相通婚，所以信徒的信仰一般都很牢固。据德理贤《中国天主教传教史》记载的教会统计数字，教徒人数 1900 年为 74 万多人；1907 年为 100 万人；1910 年增加到 129 万余人；1921 年突破 200 万人；1930 年为 249 万人；1932 年为 256 万人。据说，1949 年，中国天主教徒的人数是 300 万，不足当时中国人口的 1%。教会内部的人事、行政和财政管理权则控制在外国高级教士和神父手中，中国神父与之毫无平等可言，中国修女和教徒群众在教会中更是处于最低层。除有些教堂建筑吸收了中国传统建筑的风格之外，天主教会的礼仪和传统完全是欧洲式的。从表达方式看，信徒每天念的经文的文体大多是半文言半白话文，一些圣像如圣母像也有画成中国人样子的。不过从文化上看，天主教完全没有和中国文化传统相结合。因此，20 世纪中期的中国天主教会，只能说是在中国的、欧洲式的罗马天主教会。

新教的沿革

20 世纪前期，伴随着中国社会与革命的风云多变，新教在中国既有过发展的良机，也遇到很大的困难。1905 年科举制的取消和 1911 年后民国政府宣布实行宗教信仰自由，使西方传教士欣喜万分。他们更加感到手中掌握着的西方现代文化知识的重要性，以为运用它们塑造中国新一代领袖的机会终于来到了。一些神学观点比较开放的外籍教士提出，基督教、科学和民主制都是上帝为人类的物质和精神进步所设计的总计划中的组成部分，神之国不仅要刻在人们的心里，而且也要建在所有的机构制度中。他们认为，"中华归主"应与中华文明的基督化相伴随，换言之，即先用西方文化和宗教教育来影响中国学生，使中国未来的领袖成为西化的和受基督教熏陶的一代领导人，进而使整个中华民族皈依基督。这种策略在 20 世纪 20 年代之前基本上一直占据主导地位，从而带来了基督教高等教育的迅速发展和基督教青年会在全国各大城市的普及。面临民族主义的发展，各个基督教组织加强了合作与联合，并让中国基督徒担任了教会的部分领导职位。同时，中国基督徒也在反帝爱国运动和非基督教运动的刺激下，自我反省，要求建立具有中国本色的基督教会，发展适合于中国人的教会形式和神学，而且还出现了中国基督教徒自己创立的教派。应当说，上述这些都是新教在这一阶段发展的特点。

面对 20 世纪初的发展机遇，西方国家尤其是美国的传教组织迅速调整自己的对华政策，提出一方面要增派更多的传教士来华活动，大力促进中国教会大学的发展，合作办好教会的中等学校和小学，在所有的阶层特别是学生中间联合举办福音布道会；另一方面要增强中国基督徒向他们的同胞传教的责任心。在这一政策下，西方国家在华传教士的总数也迅速增加。1905 年，在华的西方传教士为 3445 人，1914 年为 5462 人，1920 年为 6204 人，1926 年达到顶峰为 8325 人。1906 年来华的外国传教组织只有 82 个，1920 年在华的外国差会已有 174 个，达到了历史的最高峰。

鉴于新教各个教派互相独立的特点，进入 20 世纪之后，中国基督教的许多教派加强了合作。早在 1907 年召开的纪念新教来华 100 周年的大会上，已有人提出要创立中国基督教"议会"或"联邦"的设想。此后，在全球传教运动提倡合作与联合的背景之下，1913 年由著名的传教活动家穆德提倡和各个传教组织配合，全国基督教大会再次在上海举行。与 1877 年、1890 年和 1907 年 3 次全国大会不同，这次基督教全国会议三分之一的代表是中国基督徒。会上成立了"中华续行委办会"，"意在联络中华之各基督教会，互相提携，以推广天国于神州"。该组织是中国基督教史上第一个全面促进相互合作的全国性常设机构。1919 年正值新文化运动的高潮，"中华续行委办会"提出要紧紧抓住"中华向往基督之良机"，百倍努力，促使"中华归主"，从而在全国的基督教范围内掀起一场"中华归主运动"。

1920年前后，在五四新文化运动的推动下，面对中国民众对"洋教"的批判和谴责，中国基督徒开始对西方传教士的地位和作用、传教与帝国主义的关系以及基督教在中国民众中的形象进行深刻的反思和检讨，希望改变基督教的"洋教"形象，除去本不属于基督教本身的西方教派因素和不合乎中国习俗的内容，把教会建成真正的中国教会。1922年5月，全国基督教大会又一次在上海举行。与过去讨论如何"用基督教占领中国"为主题的全国会议不同，这次会议以"中国的教会"为主题，重在讨论究竟什么是中国的本色教会、中西教士之间的关系和西方传教士在中国教会中的地位等问题。会上宣读了由诚静怡（1881～1939年）、刘廷芳（1892～1947年）、赵紫宸（1888～1979年）等5位中国教会人士撰写的《教会的宣言》，明确提出中国的基督徒要通力合作，消除西方传来的宗派主义，为建设自养、自立和自传的本色的基督教会而努力。这次会议的主要成果是成立了"中华全国基督教协进会"，目的是协调各个传教组织以及教会之间的关系，推动它们的合作与联合。该组织成立以后，立即加入了当时最有代表性的全球传教机构"国际宣教协会"，并踊跃地参加了该会于1928年和1938年在耶路撒冷和印度的马德拉斯召开的宣教大会。1949年以前，该机构一直是全国最大的教会合作组织。

20世纪初，中国教会内的另一个运动是由上海长老会的牧师俞国桢（1852～1932年）于1906年发起的"自立运动"。其主要目的是要脱离外国的传教组织，"以期教案消弭，教义普传，及调和民教，……保全教会的名誉，顾全国家体面"，把中国教会建成真正不依赖外国的、中国人自己的自立教会。在中国基督徒的觉悟下，这一运动迅速传遍全国各地，到1920年全国已有自立教堂189处。同年各省自立教会的代表在上海举行了第一次中国耶稣教自立会全国联合大会，组成"中国耶稣教自立会全国总会"，并推举俞国桢任总会长。

在加强基督教高等教育和向青年学生传教的思想指导下，20世纪前20年，中国的教会大学逐步向职业化、专门化和高水准的方向发展。到1920年，全国已有基督教的组织和基金会合作开办的大学13所，它们是山东的齐鲁大学，福建的福建协和大学和华南女子文理学院，江苏的金陵女子大学、金陵大学和东吴大学，浙江的之江大学，湖北的华中大学，广东的岭南大学，四川的华西大学，上海的圣约翰大学、沪江大学和北京的燕京大学。而当时中国人自办的国立和私立大学总共才有8所。另一方面，许多传教士对教会大学的发展始终不满，唯恐教会大学失去其"宗教性"，有的人甚至认为教会大学不利于基督教的发展。教会大学一般占地面积大，图书馆、实验室、工厂等各种设备齐全，采用英语教学，大学里的医学院附属医院的设备和水平在当时都是非常高的。20 年代中期以前，学校不仅要求非基督徒学生参加礼拜活动和圣经课，而且还经常举行各种形式的演讲歌咏比赛和夏令营的活动，以潜移默化的方式用基督教思想影响学生。除学校安排的宗教课程和活动之外，基督教青年会也是吸引学生信教的组织之一。

基督教青年会是教会的外围组织，1885 年最先出现于美国传教士开办的福州英华书院和通州的潞河书院。1895 年，在北京、上海、烟台和汉口等地传教士的邀请下，美国人来会理（1870～1949 年）来华做发展青年会的工作。1896 年，第一个基督教青年会全国性组织"中华基督教学塾幼徒会"在上海成立，来会理任总干事。这表明中国的青年会从诞生之日起，就同美国的基督教青年会结下密切关系。1901 年，青年会制定了用基督教"围攻儒生"，大力在青年中间传播福音的战略。此后，青年会采取了举办科学讲座、大型布道会和查经班，开展扫盲和平民教育工作以及各种形式的文艺和体育活动等一系列措施，接近各类青年。他们邀请 20 世纪初最有影响的布道家穆德和艾迪（1871～1963 年），多次在各大城市巡回演讲，鼓吹只有效仿耶稣，人才能得到救赎，国家才有出路。到 1914 年，近 15 万人出席过艾迪的布道大会。青年会的这种大型布道方法和影响力，是基督教在过去所难以想象的。1920 年，青年会在全国的 17 个省有 30 个市会，成员 32330 人；有校会 170 个，成员 14200 人。

正当基督教在中国顺利发展之际，"世界基督教学

生同盟"决定于 1922 年 4 月在清华大学举行第十一届
大会。这一决定突然激发了一场全国范围内的"反基
督教运动"。事实上，这场运动不仅是自民国以来知识
界关于中国是否需要宗教的大辩论的继续，更是自五
四新文化运动以来知识分子和学生青年奋起抗议以英、
美帝国主义为首的西方势力对中国的侵略，要求废除
不平等条约，夺回国家主权的民族主义和爱国主义情
绪的又一次爆发。中国知识界的部分人士和青年认为，
"世界基督教学生同盟"之所以要召开大会，正是为了
反对这一进步的、革命的历史潮流。一时间全国好几
个地方纷纷成立反基督教同盟，各种反基督教舆论如
洪水一般倾泻而来，谴责基督教是帝国主义侵略中国
的附庸，是国家的公敌，是资本家剥削工人的工具；
指责基督教是反科学、反理性、反民主的迷信而又含
糊的宗教；批评教会教育是违背国家主权的、危害民
族主义的文化侵略，强烈要求收回教育主权。

在反基督教运动的冲击下，教会学校的学生和中
方教职员罢课罢工，学潮此起彼伏；全国各地基督教
会要求自立的呼声愈演愈烈，独立革新宣言接二连三
扑面而至；许多教会机构和教堂的活动陷于瘫痪，出
版物被迫停刊，传教士纷纷撤离，青年会会员人数大
减。这场运动几起几伏，直至 1927 年中才平息下来，
这给予了基督教空前的打击。20 年代中期，全国的自
立教堂增至 600 余处，但是随着民族主义浪潮的减退，
1935 年自立教堂仅存 200 多处。1927 年，外国传教士
为 8250 人，1928 年减至 4375 人，此后传教士人数又

有回升，1936 年增至 6059 人。从 1920 年起，中国基督教青年会全国协会完全由中国人组成，1922 年青年会会员总数达到成立以来的最高峰，为 54000 人，分布在 36 个城市，此后一直呈下降趋势。至 30 年代中期，教会大学也在政府的坚持下在教育部注册立案，大部分大学的外籍校长也由中国人取而代之。

这一时期，中国教会的本色神学在孕育中发展起来。它的思想渊源可追溯到 19 世纪后期传教士中存在的两种思潮：一是以戴德生领导的"内地会"为代表的狭隘的神学思想，只重视个人得救和末世论；二是少数人受西方圣经批评的影响，重视基督教的社会功能，提出传教士除让人皈依之外，还要开展社会活动，改变社会的落后状况。至 20 世纪初，这两种思潮在西方神学领域中形成壁垒分明的基要派和社会福音派。这种现象对中国教会人士产生了很大启发。1920 年前后，中国教会的部分人士对新文化运动持欢迎态度，认为它是一场以人为本的思想运动，宗教的本质与新文化运动有相似之处。罗运炎、梅宝贻、刘廷芳和赵紫宸等人提出，宗教是一种人生方式，是人与自然的一种关系，可"上达天心，下通人学"。他们也吸收了圣经批评学，用开放的精神对待圣经经文。他们认为科学与宗教属于两种不同的领域，二者不可同日而语。同关心国家前途和命运的许多人一样，他们也具有强烈的社会意识和责任感，希望基督教能够受到新时代的人们尤其是知识分子和青年的尊重和接受，基督徒能够有助于国家的建设。在这种思想认识的基础上，到20年代，他们逐步形成了以基督为中心的护教神学。赵紫宸在《基督教在中国的前途》一文中指出："基督教者，基督也。基督有两义，一是拿撒勒人耶稣……一是耶稣的人格精神……肉体的基督，有时归于尽；精神的基督，日久而弥彰。日久而弥彰的精神基督，为圣灵，为救法，为重生，为神人间的和睦，人人间的平安。"他还说："基督教就是基督的生命，或是人对基督的认识，其内容包括多方面：就是世人为儿女，神为天父的关系。"燕京大学教授吴雷川（1870～1944年）也十分重视基督的特性，提出通过基督人才能认识神，做基督徒就是效法基督的信仰和道德生活。不过他不承认基督教具有独特性，认为它同其他宗教同出一源。其他教会学者如徐宝谦（1892～1944年）、简又文等人也都强调基督的人性人格，提倡基督徒要以基督为榜样。在基督教与国家的关系上，一些人坚持基督教可以复兴中国，因为国家的兴亡与国民的品德相关，而基督教可以培养理想人格，塑造人的尊严和价值。这种论调同当时的"人格救国"论如出一辙。

综上所述，他们的神学主张，强调基督的道德和品性，重视耶稣的人格和言行，带有浓厚的道德特点，在注重伦理方面与儒家传统有相似性。不过这些神学观点主要局限于二三十年代的少数基督徒知识分子中间。其主要代表作有罗运炎的《基督教与新中国》（1922年），赵紫宸的《基督教哲学》（1925年）、《耶稣传》（1935年）和吴雷川的《基督教与中国文化》，以及这一时代的基督徒作者发表在《真理》、《生命》、《真理与生命》和《青年进步》等杂志上的许多文章。

另外，中国教会中有相当多的基督徒的神学观念非常保守，对社会和现世生活持冷淡消极的态度。他们坚信人类已被罪恶所腐蚀，人间天国是不可能实现的。基督教的任务就是向个人传讲福音，让人悔改归正。北京的布道家王明道（1900～1991年）就是其中最突出的代表。他于1927年创办《灵食》季刊，并在全国各地四处讲道，1937年在北平创立基督徒会堂，在信徒群众中影响很大。

在教会联合与合作的思想以及其他各种因素的影响下，20～40年代，以西方国家同一宗派或教会体制相近的组织在中国建立的教会，逐步实现了联合。长老宗、公理宗和伦敦会组成最大的联合教会"中华基督教会"；信义宗成立了"中华信义总会"；安立甘宗组成"中华圣公会"；浸礼宗建起"中华浸礼联会"；卫斯理宗教会则合并统称为"中华卫理公会"；等等。此外，一些中国信徒还创立了具有封建特点或原始基督教风格、神学观点很保守的教派："真耶稣教会"、"耶稣家庭"和"基督徒聚会处"。

三四十年代的中国处于政局动荡和民族存亡的危急关头，这个时期新教的状况也是非常复杂的。一方面是传教活动和各种基督教事业在可能的地方继续发展，而在另外一些地方却停滞不前，甚至出现了倒退；另一方面是少数传教士和中国信徒在政治上很活跃：有的传教士担任了国民党政府的顾问，有的中国基督徒则脱离青年会在政府中担任要职，许多教会人士还为新生活运动积极宣传，高唱赞歌。在"到民间去"的口号鼓舞下，少数教会人士如晏阳初积极在华北农村开展平民教育运动，徐宝谦深入到江西从事农村调查工作，了解农民的生活和需要。在抗日战争期间，一些基督徒怀着满腔热忱和激奋之情，宣传抗日，反对内战，积极支持中国共产党的抗日主张。1949年以前，中国教会内的有识之士不断对基督教的本质进行反思，对外国传教士的作用、传教士与中国教士的关系以及基督教在中国传教的历史及其与不平等条约的关系进行检讨，深刻地认识到基督教在中国的发展过多地受到西方传教差会在经费和人事行政方面的控制及其保守的神学主张的影响，宗派特点明显、强烈、突出，教会本身的发展很不健全。中国的基督教从形式到内容，都是西方教会尤其是美国教会的翻版。

中国基督教信徒的人数在20世纪前期发展很快：1900年新教徒有85000人；1905年发展到178351人；1915年增至268652人；1920年为366527人；1933年达488539人。1949年，中国有基督徒70余万人。1936年属于新教的基督教堂为5800间，1949年是6500余间。1949年在华的外国传教士是5843人，其中一部分人在医院、学校和书局任职。中国神职人员1936年为1865人，此后在抗日战争和解放战争期间，这个数字变化不大。尽管中国教士在数量上无法和传教士相比，但是同19世纪末缺少中国教士的状况相比，中国神职人员在数量和质量上均有很大的改善和提高，加上数以千计的平民信徒传道人，可以说中国的自传力量已相当可观，为20世纪后期中国基督徒独立自主自办教会奠定了基础。

 **东正教**

同天主教和基督教新教一样，东正教也是基督教的三大教派之一。1665年，以切尔尼柯夫斯基为首的沙俄帝国武装人员趁中国明清两朝交替、清军主力入关之机，占领了中国黑龙江左岸的雅克萨地区，建起堡垒。不久，担任俄国占领军的随军传教士、俄国东正教基廉斯克修道院的叶尔莫根即在那里建起"主复活教堂"。1671年，叶尔莫根在该地建造了第一座东正教修道院，定名为"仁慈救世主修道院"。1685年和1686年，康熙皇帝两次派兵收复了雅克萨，并将一部分俄国俘虏押回北京，安排他们居住在京城东北角胡家圈胡同。为了使他们能够过好宗教生活，康熙皇帝还将一座庙宇赐予他们改作教堂，当时在该教堂担任司祭的是马克西姆·列昂捷夫。1695年，俄国西伯利亚都主教派人送来教会证书，命名它为"尼古拉教堂"，是为东正教传入中国之始。

列昂捷夫在北京的传教活动很快得到沙皇彼得一世的赏识，并指示他要小心谨慎，不必惹恼清朝官吏和在华的天主教耶稣会士。1700年6月，彼得一世向西伯利亚托博尔斯克东正教区发出派遣东正教传教士到中国传教的手谕。此后不断有传教士随商队到北京与"尼古拉教堂"进行联络。1711年,俄国商队的领队秉承沙皇彼得一世的旨意,请求康熙皇帝准许俄国派遣传教士团来北京传教。1716~1956年,驻北京的俄国东正教会传教士团共有20届,其中1860年以前的13届均由沙俄政府直接委派。第一届北京传教士团于1716年随同俄国商队抵达北京,住在"尼古拉教堂",从此北京传教士团成为常设机构,至此"中国东正教会"算是成立。1727年,中俄签订《中俄恰克图界约》,规定沙俄政府遣往北京的传教士团每10年换一届,中国东正教会也在条约中得到清政府承认。雍正十年(1732年),清政府根据《中俄恰克图界约》为北京传教士团在北京东江米巷(即今东交民巷)建造"奉献节教堂"。该堂通常又被称为"南馆","尼古拉教堂"被称为"北馆"。

俄国驻北京传教士团名为"传教团",实际是沙俄政府驻北京的官方代表机构,它的经费由本国政府提供,主要任务是收集情报和办理中俄外交事务。1715~1860年,沙俄共派遣13届传教团150名神职人员来京从事活动,另外一些人是专门学习汉学的学生。1807年,俄国外交部正式委派一名"监护官"随同第九届北京传教士团来华,这样,传教士团同俄国在华的政治、经济利益和外交使命的关系变得愈加密切。1715~1860年,有记载的中国教徒人数大约200人,而这一时期的传教士团却积极为《中俄瑷珲条约》和《中俄北京条约》向沙皇政府出谋划策。第14届传教士团的大司祭固里·卡尔波夫还于1860年向联军提供了北京地图和情报，并参与了《中俄北京条约》的谈判，使清政府被迫将乌苏里江以东大约 40 万平方公里的领土割让给俄国。这些事实都是对北京传教士团"使命"的最好说明。

1860 年以后，驻北京传教士团改由俄罗斯正教最高宗教会议派遣，传教士团原有的外交职能转交给俄国驻华公使办理。伴随着俄国以及其他西方帝国主义列强与清政府之间一系列不平等条约的签订，俄国人也获得了在华自由居住、自由旅行和自由传教的权利，俄国传教士开始进入内地从事传教活动。1900 年前后，他们在哈尔滨、沈阳、旅顺、天津、上海、汉口、新疆及青岛等地建立了一些教堂。1900 年义和团运动爆发后，北京的东正教堂如同天馆和老爷庙均被焚烧，200 多个教徒被杀。1916 年东正教在全国有教堂 37 座，修道院 1 所，学校 20 所，教徒近 6000 人。

俄国十月革命后，大量白俄流入中国，使东正教信徒人数一时间猛增。驻北京传教士团因拒绝同俄东正教会发生联系，于 1922 年易名为中国东正教会北京总会，转而投靠流亡于塞尔维亚的俄罗斯正教国外临时主教公会，并相继设立了哈尔滨、上海、天津和新疆 4 个主教区。流亡于塞尔维亚的俄罗斯正教国外临时主教公会曾经于 1931 年和 1933 年派遣第十九届和第二十届传教士团来中国。东正教会在中国的发展一直具有"侨民教会"的特点，其信徒人数的增减与在华俄国侨民的多寡密切相关。

驻北京传教士团当中，曾经出现过个别比较著名的汉学家，例如俾丘林和卡法罗夫，前者于 1822 年回国后撰写过许多介绍中国、蒙古和中亚地区历史文化和风土人情的著作，如《西藏志》、《蒙古志》和《北京志》，还翻译出版了《四书》等中国哲学和历史著作；后者在 19 世纪后期撰写了《早期佛教史略》和《中国伊斯兰教》等作品，并编纂了《俄华大词典》和《汉俄语言词典》，对俄国汉学研究作出很大贡献。其他一些人也用汉语编写过一些传教的作品。鉴于驻北京传教士团和俄罗斯东正教在中国的自我封闭状况，它未融入中国文化和社会之中是不难理解的。

 # 结束语

　　基督教在中国，从唐代到 20 世纪中叶，经历了漫长的历史。应该说，它最本质的作用是提供给中华民族一种新的不同的宗教观念和宗教生活。除宗教上的意义之外，基督教在近代中国的传播，也有助于西方的现代文明、文化、思想、科技、医药和教育制度在中国的发展，以及对女子教育的改善和妇女地位的提高。历史的经验说明，不同文化和宗教之间的相遇和交往必须建立在平等的基础之上，才可能彼此尊重，相互理解。但是，由于历史的局限，无论哪一派基督教最终都没有真正同中国传统文化结合起来，而中国传统文化对基督教的阻碍也是相当大的。虽然部分传教士和中国基督徒在中西文化交流过程中发挥了不小的作用，但不幸的是，直至 20 世纪中叶，在中国民众看来，天主教、新教和东正教毫无例外地都是"洋教"。1949 年中国的基督教三大派信徒的总数，还不及 400 万人，大约只占中国总人口的 1%。

参考书目

1. 张星烺编注《中西交通史料汇编》第一册，中华书局，1977。

2. 阿·克·穆尔著《一五五〇年前的中国基督教史》，郝镇华译，中华书局，1984。

3. 江文汉：《中国古代基督教及开封犹太人》，知识出版社，1982。

4. 朱谦之：《中国景教》，东方出版社，1993。

5. 利玛窦：《利玛窦中国札记》，中华书局，1983。

6. 德理贤：《中国天主教传教史》，台湾商务印书馆，1983。

7. 徐宗泽：《中国天主教传教史概论》，上海书店，1990。

8. 徐宗泽：《明清间耶稣会士译著提要》，中华书局，1949。

9. 方豪：《中国天主教史论丛》，商务印书馆，1947。

10. 方豪：《中国天主教人物传》第一册至第三册，香港公教真理学会出版，1967、1970、1973。

11. 汤清：《中国基督教百年史》，道声出版社，1987。

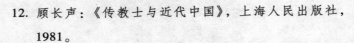

12. 顾长声：《传教士与近代中国》，上海人民出版社，1981。

13. 林治平主编《近代中国与基督教论文集》，宇宙光出版社，1981。

《中国史话》总目录

系列名	序号	书名	作者	
物化历史系列（28种）	25	陵寝史话	刘庆柱	李毓芳
	26	敦煌史话	杨宝玉	
	27	孔庙史话	曲英杰	
	28	甲骨文史话	张利军	
	29	金文史话	杜 勇	周宝宏
	30	石器史话	李宗山	
	31	石刻史话	赵 超	
	32	古玉史话	卢兆荫	
	33	青铜器史话	曹淑芹	殷玮璋
	34	简牍史话	王子今	赵宠亮
	35	陶瓷史话	谢端琚	马文宽
	36	玻璃器史话	安家瑶	
	37	家具史话	李宗山	
	38	文房四宝史话	李雪梅	安久亮
制度、名物与史事沿革系列（20种）	39	中国早期国家史话	王 和	
	40	中华民族史话	陈琳国	陈 群
	41	官制史话	谢保成	
	42	宰相史话	刘晖春	
	43	监察史话	王 正	
	44	科举史话	李尚英	
	45	状元史话	宋元强	
	46	学校史话	樊克政	
	47	书院史话	樊克政	
	48	赋役制度史话	徐东升	

系列名	序号	书名	作者
制度、名物与史事沿革系列（20种）	49	军制史话	刘昭祥　王晓卫
	50	兵器史话	杨毅　杨泓
	51	名战史话	黄朴民
	52	屯田史话	张印栋
	53	商业史话	吴慧
	54	货币史话	刘精诚　李祖德
	55	宫廷政治史话	任士英
	56	变法史话	王子今
	57	和亲史话	宋超
	58	海疆开发史话	安京
交通与交流系列（13种）	59	丝绸之路史话	孟凡人
	60	海上丝路史话	杜瑜
	61	漕运史话	江太新　苏金玉
	62	驿道史话	王子今
	63	旅行史话	黄石林
	64	航海史话	王杰　李宝民　王莉
	65	交通工具史话	郑若葵
	66	中西交流史话	张国刚
	67	满汉文化交流史话	定宜庄
	68	汉藏文化交流史话	刘忠
	69	蒙藏文化交流史话	丁守璞　杨恩洪
	70	中日文化交流史话	冯佐哲
	71	中国阿拉伯文化交流史话	宋岘

系列名	序号	书名	作者
思想学术系列（21种）	72	文明起源史话	杜金鹏　焦天龙
	73	汉字史话	郭小武
	74	天文学史话	冯时
	75	地理学史话	杜瑜
	76	儒家史话	孙开泰
	77	法家史话	孙开泰
	78	兵家史话	王晓卫
	79	玄学史话	张齐明
	80	道教史话	王卡
	81	佛教史话	魏道儒
	82	中国基督教史话	王美秀
	83	民间信仰史话	侯杰
	84	训诂学史话	周信炎
	85	帛书史话	陈松长
	86	四书五经史话	黄鸿春
	87	史学史话	谢保成
	88	哲学史话	谷方
	89	方志史话	卫家雄
	90	考古学史话	朱乃诚
	91	物理学史话	王冰
	92	地图史话	朱玲玲

系列名	序号	书名	作者
文学艺术系列（8种）	93	书法史话	朱守道
	94	绘画史话	李福顺
	95	诗歌史话	陶文鹏
	96	散文史话	郑永晓
	97	音韵史话	张惠英
	98	戏曲史话	王卫民
	99	小说史话	周中明　吴家荣
	100	杂技史话	崔乐泉
社会风俗系列（13种）	101	宗族史话	冯尔康　阎爱民
	102	家庭史话	张国刚
	103	婚姻史话	张　涛　项永琴
	104	礼俗史话	王贵民
	105	节俗史话	韩养民　郭兴文
	106	饮食史话	王仁湘
	107	饮茶史话	王仁湘　杨焕新
	108	饮酒史话	袁立泽
	109	服饰史话	赵连赏
	110	体育史话	崔乐泉
	111	养生史话	罗时铭
	112	收藏史话	李雪梅
	113	丧葬史话	张捷夫

系列名	序 号	书 名	作 者	
	114	鸦片战争史话	朱谐汉	
	115	太平天国史话	张远鹏	
	116	洋务运动史话	丁贤俊	
	117	甲午战争史话	寇 伟	
	118	戊戌维新运动史话	刘悦斌	
	119	义和团史话	卞修跃	
	120	辛亥革命史话	张海鹏	邓红洲
	121	五四运动史话	常丕军	
	122	北洋政府史话	潘 荣	魏又行
	123	国民政府史话	郑则民	
	124	十年内战史话	贾 维	
近代政治史系列（28种）	125	中华苏维埃史话	温 锐	刘 强
	126	西安事变史话	李义彬	
	127	抗日战争史话	荣维木	
	128	陕甘宁边区政府史话	刘东社	刘全娥
	129	解放战争史话	朱宗震	汪朝光
	130	革命根据地史话	马洪武	王明生
	131	中国人民解放军史话	荣维木	
	132	宪政史话	徐辉琪	付建成
	133	工人运动史话	唐玉良	高爱娣
	134	农民运动史话	方之光	龚 云
	135	青年运动史话	郭贵儒	
	136	妇女运动史话	刘 红	刘光永
	137	土地改革史话	董志凯	陈廷煊
	138	买办史话	潘君祥	顾柏荣
	139	四大家族史话	江绍贞	
	140	汪伪政权史话	闻少华	
	141	伪满洲国史话	齐福霖	

系列名	序号	书名	作者
近代经济生活系列（17种）	142	人口史话	姜涛
	143	禁烟史话	王宏斌
	144	海关史话	陈霞飞　蔡渭洲
	145	铁路史话	龚云
	146	矿业史话	纪辛
	147	航运史话	张后铨
	148	邮政史话	修晓波
	149	金融史话	陈争平
	150	通货膨胀史话	郑起东
	151	外债史话	陈争平
	152	商会史话	虞和平
	153	农业改进史话	章楷
	154	民族工业发展史话	徐建生
	155	灾荒史话	刘仰东　夏明方
	156	流民史话	池子华
	157	秘密社会史话	刘才赋
	158	旗人史话	刘小萌
近代中外关系系列（13种）	159	西洋器物传入中国史话	隋元芬
	160	中外不平等条约史话	李育民
	161	开埠史话	杜语
	162	教案史话	夏春涛
	163	中英关系史话	孙庆

系列名	序 号	书 名	作 者
近代中外关系系列（13种）	164	中法关系史话	葛夫平
	165	中德关系史话	杜继东
	166	中日关系史话	王建朗
	167	中美关系史话	陶文钊
	168	中俄关系史话	薛衔天
	169	中苏关系史话	黄纪莲
	170	华侨史话	陈 民　任贵祥
	171	华工史话	董丛林
近代精神文化系列（18种）	172	政治思想史话	朱志敏
	173	伦理道德史话	马 勇
	174	启蒙思潮史话	彭平一
	175	三民主义史话	贺 渊
	176	社会主义思潮史话	张 武　张艳国　喻承久
	177	无政府主义思潮史话	汤庭芬
	178	教育史话	朱从兵
	179	大学史话	金以林
	180	留学史话	刘志强　张学继
	181	法制史话	李 力
	182	报刊史话	李仲明
	183	出版史话	刘俐娜
	184	科学技术史话	姜 超

系列名	序号	书名	作者
近代精神文化系列（18种）	185	翻译史话	王晓丹
	186	美术史话	龚产兴
	187	音乐史话	梁茂春
	188	电影史话	孙立峰
	189	话剧史话	梁淑安
近代区域文化系列（11种）	190	北京史话	果鸿孝
	191	上海史话	马学强　宋钻友
	192	天津史话	罗澍伟
	193	广州史话	张　磊　张　苹
	194	武汉史话	皮明庥　郑自来
	195	重庆史话	隗瀛涛　沈松平
	196	新疆史话	王建民
	197	西藏史话	徐志民
	198	香港史话	刘蜀永
	199	澳门史话	邓开颂　陆晓敏　杨仁飞
	200	台湾史话	程朝云

《中国史话》主要编辑
出版发行人

总　策　划	谢寿光　　王　正
执行策划	杨　群　　徐思彦　　宋月华
	梁艳玲　　刘晖春　　张国春
统　　筹	黄　丹　　宋淑洁
设计总监	孙元明
市场推广	蔡继辉　　刘德顺　　李丽丽
责任印制	郭　妍　　岳　阳